शुक्र उपासना शास्त्र -वैभव लक्ष्मी व्रत कथा: शुक्र ग्रह के प्रभाव, लक्षण एवं लाल किताब उपाय सहित

सौरभ मिश्र

Made with ♥ on the Notion Press Platform
www.notionpress.com

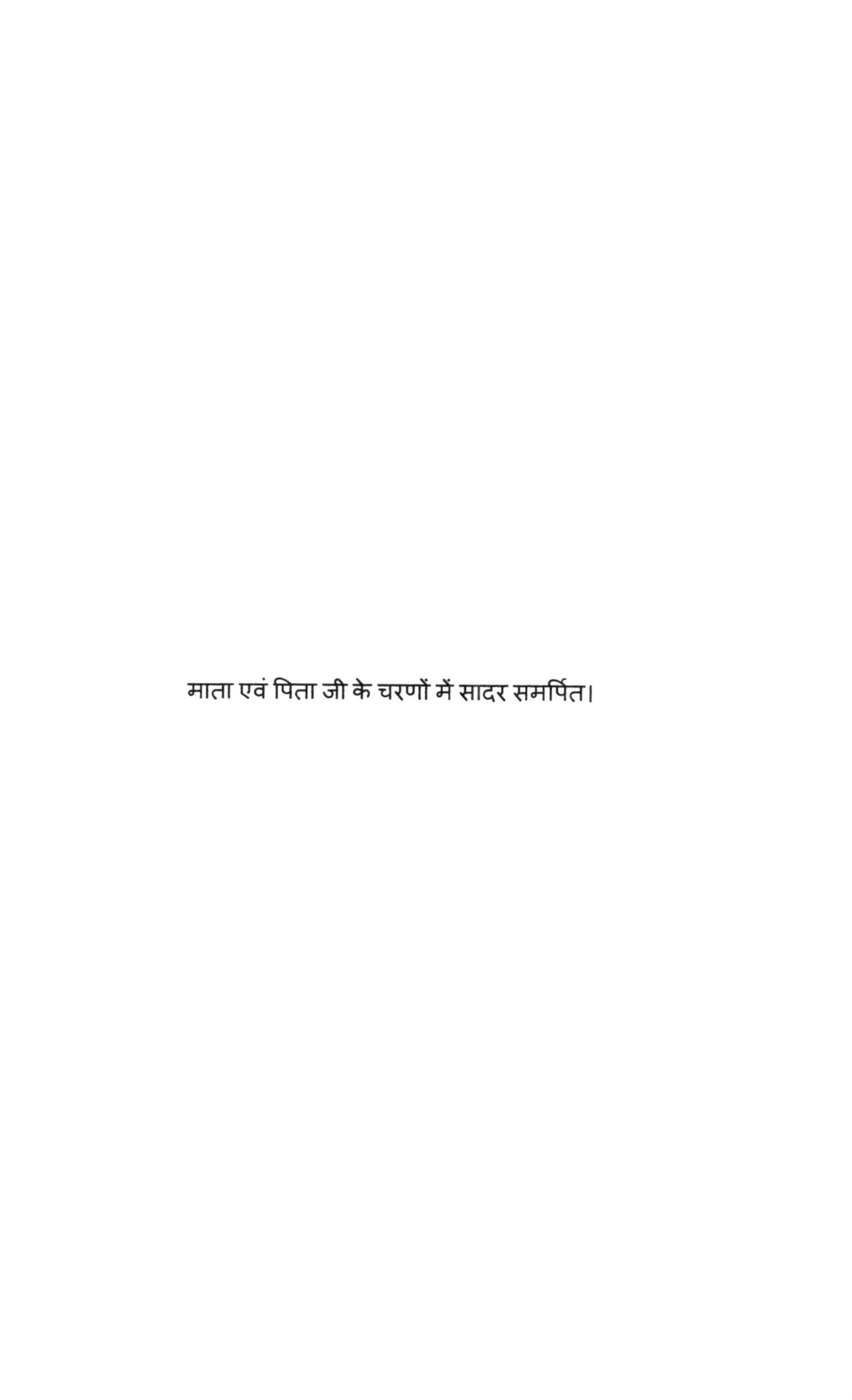

माता एवं पिता जी के चरणों में सादर समर्पित।

क्रम-सूची

प्रस्तावना

प्रिय पाठकों,

आप लोगों के प्रेम और आशीर्वाद ने मुझे यह उत्साह प्रदान किया कि मैं ग्रहों और उनके प्रभावों पर मेरी पुस्तक श्रृंखला की चौथी पुस्तक लिख पाया। आप लोगों की इस विज्ञान के प्रति रूचि देख मुझमें भी जोश का संचार हुआ तथा पूर्ण श्रद्धा और उत्साह से इस कार्य को गति प्रदान करने में मैं रत रहा।

हम लोग प्रायः यह सोच भ्रमित हो जाते हैं कि ग्रहों का मानव जीवन पर भला कैसे प्रभाव पड़ सकता है। ठीक उसी तरह जिस प्रकार हम योग एवं आयुर्वेद को स्वीकार करने को तैयार नहीं थे। आकाशीय पिंडों का पृथ्वी पर विद्यमान वायुमंडल और प्रकृति में पूर्ण हस्तक्षेप है अपितु मैं यह कहूंगा कि इसको न स्वीकारना उतनी ही मूर्खता का परिचय देना होगा जितना कि इस बात को अस्वीकार करना कि पृथ्वी पर प्रकाश की मुख्य वजह सूर्य है। यदि आप किसी विषय को समझते नहीं, आपके पास उसका ज्ञान नहीं तो इसका अर्थ यह नहीं कि वह ज्ञान असत्य है, अपितु इसका अर्थ यह है कि आपको उस विषय का ज्ञान प्राप्त करना शेष है।

हिंदू धर्म में मां लक्ष्मी के विभिन्न स्वरूपों की पूजा और आराधना की जाती है। मान्यता है कि वैभव लक्ष्मी की पूजा करने से व्यक्ति की हर मनोकामना पूरी होती है। कहा जाता है कि अगर लंबे समय के बाद भी किए जा रहे प्रयासों से काम नहीं बन पा रहा है तो व्यक्ति को वैभव लक्ष्मी का व्रत जरूर करना चाहिए।

सभी धर्मों और सम्प्रदायों का जन्म लगभग एक ही तरह के विश्वासों से हुआ है, कोई इस सत्य को स्वीकारे या नहीं। यदि आप बारीकी से देखेंगे तो सभी धर्मों में अनेकों सामान्यताएँ हैं। अब आप शुक्रवार को ही ले लें। यह दिन इस्लाम में पवित्र माना गया है और प्रत्येक आस्थावान मुसलमान शुक्रवार (जुम्मा) को नमाज अदा करते है। ईसाई लोग ईसा मसीह की याद में गुड फ्राईडे (अच्छा शुक्रवार) मनाते हैं। यहूदी भी शुक्रवार की संध्या से शब्बात की शुरुआत करते हैं। जापान में शुक्रवार को किन-यूबी यानि धन का दिन कहते हैं। यह दिन धन के लेनदेन के लिए उपयुक्त माना जाता है।

भारत में शुक्रवार का दिन प्रमुख रूप से माँ लक्ष्मी को समर्पित है। कुछ लोग इस दिन माँ संतोषी का भी व्रत करते हैं। आप ईश्वर की उपासना किसी भी रूप में करने के लिए स्वतंत्र हैं। हिन्दू धर्म में वैचारिक, व्यक्तिगत और धार्मिक स्वतंत्रता की आरम्भ से ही प्रधानता रही है। ईश्वर एक है और उसकी उपासना आप किसी

भी रूप में कर सकते हैं। याद रखें वो परमपिता परमेश्वर हैं, अतैव आप किसी भी सम्प्रदाय या पंथ को मानते हों आप की पूजा की विधि कुछ भी हो यदि आप श्रद्धा से ईश्वर का स्मरण करेंगे तो वे आपकी सहायतार्थ अवश्य आएंगे। अधिकांशतः भिन्न मतों और सम्प्रदायों के लोग अपने सम्प्रदाय या पंथ को बेहतर सिद्ध करने के लिए लड़ते रहते हैं जो अनुचित है। आप अपने विचार किसी पर थोप नहीं सकते। सभी सम्प्रदायों या पंथों का जन्म इंसान को सद्मार्ग दिखाने और बेहतर इंसान बनाने के लिए हुआ है, अतः यदि आप अपने सम्प्रदाय या पंथ का पालन करते हैं तो अन्य मानवों के विचारों और विश्वासों का सम्मान करना आपका परम कर्तव्य है अन्यथा आप धार्मिक व्यक्ति हो ही नहीं सकते। हिंसा और नफरत के मार्ग पर चलने वाले ईश्वर को प्राप्त कर ही नहीं सकते। यदि आप किसी अन्य मनुष्य को कष्ट पहुंचाते हैं, चाहे शब्दों से, विचारों से या अपने कार्यों से तो आप उस ईश्वर को कष्ट पहुंचाते हैं जो निराकार एवं सर्व विद्यमान है।

फिलहाल, मैं यहां बस यही कहना चाहूंगा कि आप अपनी श्रद्धानुसार ईश्वर के किसी भी रूप की उपासना करें किन्तु श्रद्धा, सत्यता और सात्विकता का होना अत्यंत आवश्यक है।

इस पुस्तक में मैं माँ लक्ष्मी के व्रत एवं उपासना विधि की चर्चा करते हुए, शुक्र ग्रह के महत्व, लक्षण, सकारात्मक एवं नकारात्मक प्रभावों के साथ लाल किताब में वर्णित उपायों का उल्लेख भी करूँगा।

मेरी यह पुस्तक महान विद्वानों द्वारा ज्योतिष के क्षेत्र में किये जाने वाले कार्य के सम्मुख कुछ भी नहीं किन्तु इस विशाल यज्ञ में छोटी सी आहुति देने का एक प्रयास मात्र है। पुस्तकों की इस श्रृंखला को लिखने में मैंने अनेकों विद्वानों को पढ़ा सुना, अनेकों पुस्तकों का अध्यन किया और मैं उन सभी विद्वानों का ऋणी हूँ तथा उनका हृदय से आभार व्यक्त करता हूँ। मैं ऋणी हूँ ईश्वर की अपार कृपा का, माता-पिता के आशीर्वाद का और अपने अनेक सहयोगियों, पत्नी एवं मित्रों का तथा आप सभी पाठकगणों का भी।

आप सभी के अपार प्रेम और सहयोग के लिए धन्यवाद।

आपका,

सौरभ मिश्र

भूमिका

काम, कला और सुंदरता के ग्रह शुक्र की शुभता कुंडली में बहुत जरूरी है। जीवन की समस्त भौतिक संपन्नताएं उन्हीं से मिलती है। अंग्रेजी में शुक्र को Venus कहते हैं, इसका यह नाम प्रेम और सुंदरता की रोमन देवी के नाम पर रखा गया है जबकि भारत में इसे महान ऋषि भृगु के पुत्र शुक्राचार्य जी और देवी लक्ष्मी जी से जोड़ा जाता है।

माँ लक्ष्मी भौतिक सुख-साधन, धन, अभीष्ट पूर्ति, प्रेम, विवाह और लक्ष्य प्राप्ति की देवी हैं। जबकि शुक्राचार्य ऋषि भृगु के पुत्र हैं। वह राक्षसों के उपदेशक हैं। केवल शुक्र ही भगवान शिव द्वारा मृत संजीवनी विद्या का ज्ञान प्राप्त करने में सफल रहे। फिलहाल ज्योतिष शास्त्र में शुक्र का सम्बन्ध मानव के प्रेम, वैवाहिक जीवन, आकर्षण और भौतिक सुख साधनों से है।

शुक्र को सौंदर्य, ऐश्वर्या, कला आदि का अधिपति माना जाता है। वैदिक ज्योतिष में शुक्र को मुख्य रूप से पत्नी का कारक माना जाता है। विवाह संबंधों में कन्या की कुंडली में मौजूद शुक्र की स्थिति अवश्य ही देखी जाती है। शुक्र काम, सुख, आभूषण, भौतिक सुख सुविधाओं इत्यादि का कारक ग्रह है। मुख्य रूप से यह वृषभ और तुला राशि का स्वामी ग्रह है परन्तु इसको सबसे प्रिय मीन राशि है। मीन राशि में जाकर शुक्र सदैव उच्च हो जाता है, तो वहीं कन्या राशि में जाते ही शुक्र का पक्ष कमजोर प्रतीत होता है। कुंडली में मौजूद शुक्र भौतिकवादिता, सांसारिक चमक-दमक, यश-मान, प्रतिष्ठा दांपत्य जीवन आदि का प्रतीक होता है और यह हमारी सांसारिकता का परिचायक है, जो जीवन का एक अभिन्न अंग है। ऐसे में यह आवश्यक है कि हमारी कुंडली में शुक्र की स्थिति अत्यंत ही बेहतर हो, ताकि हमारा जीवन सुखमय, आनंदमय एवं सभी सुख-सुविधाओं से पूर्ण व्यतीत हो।

पृथ्वी की तुलना में शुक्र, सूर्य के अधिक समीप है। कई बार शुक्र सूर्य और पृथ्वी के बीच में होता है। सूर्य से शुक्र की दूरी लगभग 67 मिलियन मील है। शुक्र 225 दिनों में सूर्य की परिक्रमा करता है। शुक्र का आकार लगभग पृथ्वी के समान है। शुक्र का व्यास 7,600 मील है जबकि पृथ्वी का व्यास 7,900 मील है। यह 225 दिनों में सूर्य की परिक्रमा करता है। शुक्र को कभी-कभी पृथ्वी का "जुड़वा ग्रह" भी कहा जाता है, क्योंकि इसका आकार, द्रव्यमान, सूर्य से निकटता और थोक संरचना पृथ्वी के बहुत समान है।

भाग्योदय के लिए आवश्यक है शुक्र की प्रसन्नता। इस पुस्तक में शुक्र ग्रह के लक्षण, प्रभाव एवं शुक्र के बुरे प्रभावों को दूर करने के उपायों की चर्चा की गयी है। इसमें वर्णित उपाय लाल किताब पर आधारित हैं अतैव नियमों का पालन आवश्यक है।

पावती (स्वीकृति)

जिन लोगों की कुंडली में शुक्र ग्रह कमजोर होता है, उनका जीवन बहुत कठिन होता है। उन्हें काम करने के बाद भी यश नहीं मिलता है और आर्थिक तंगी का सामना करना पड़ता है। यदि आपका शुक्र ग्रह (Venus) कमजोर है तो इसको मजबूत करके धन, यश, ऐश्वर्य एवं सभी प्रकार की सुख-सुविधाएं प्राप्त की जाती सकती हैं। हमारे शास्त्रों के अनुसार शुक्रवार की अधिष्ठात्री देवी माँ लक्ष्मी हैं। अतैव इस पुस्तक में माँ वैभव लक्ष्मी व्रत कथा, शुक्र ग्रह के प्रभाव, लक्षण एवं लाल-किताब उपाय सम्मिलित किये गए हैं।

यह पुस्तक ज्योतिष शास्त्र के विभिन्न विद्वानों द्वारा दिए गए ज्ञान और ज्योतिष पर लिखी गयी पुस्तकों का निचोड़ है। मैं माँ सरस्वती, माँ लक्ष्मी और ज्योतिष के सभी विद्वानों के श्री चरणों में यह पुस्तक समर्पित करता हूँ।

माँ लक्ष्मी आप सभी पर कृपा करें।

1

माँ वैभव लक्ष्मी व्रत विधि

माँ लक्ष्मी भगवान् विष्णु की अर्धांगिनी एवं शक्ति दोनों ही हैं। जिस तरह भगवान् शिव माँ पार्वती के बिना अपूर्ण हैं, जिस तरह कोई भी जीव प्राणों के बिना कुछ भी नहीं, ठीक उसी प्रकार माँ लक्ष्मी भगवान् विष्णु को पूर्ण बनाती हैं। वैष्णव

धर्म के अनुसार माँ लक्ष्मी भगवान् विष्णु के प्रत्येक कार्य में सहायक हैं; सृष्टि की रचना में माँ लक्ष्मी का उतना ही योगदान है जितना कि भगवान् विष्णु का। वे सर्वशक्तिमान देवी हैं एवं सम्पूर्ण श्रद्धा के साथ ह्रदय से स्मरण करने पर वे भक्तों के सभी कष्ट तत्क्षण दूर कर देती हैं। आइए, माँ लक्ष्मी के वैभव लक्ष्मी स्वरुप की उपासना विधि जानते हैं।

वैभव लक्ष्मी व्रत को शुक्रवार के दिन किया जाता है। शुक्रवार का दिन माता लक्ष्मी, मां दुर्गा व संतोषी माता का माना जाता है। मान्यता है कि शुक्रवार के दिन विधि-विधान से पूजा करने से मां लक्ष्मी का आशीर्वाद प्राप्त होता है और उनका साथ हमेशा बना रहता है।

कब से शुरू करना चाहिए वैभव लक्ष्मी व्रत-

याद रखें कोई भी व्रत या विधान शुक्ल पक्ष से आरम्भ करना सदैव उचित होता है। किन्तु ईश्वर श्रद्धा को महत्त्व देते हैं, अतैव प्रयास करें कि वैभव लक्ष्मी व्रत का प्रारम्भ भी शुक्ल पक्ष के शुक्रवार से ही करें, किन्तु यदि आपके भीतर श्रद्धा का प्रवाह है और आपने संकल्प कर ही लिया है तो आप इसे किसी भी शुक्रवार से प्रारम्भ कर सकते हैं।

इस व्रत को पुरुष व स्त्री दोनों ही कर सकते हैं। सुहागिन स्त्रियों के लिए यह व्रत ज्यादा शुभकारी माना जाता है। व्रत का संकल्प लेने के दौरान मन में अपनी मनोकामना अवश्य कहनी चाहिए। भक्त को अपनी श्रद्धा और सामर्थ्य अनुसार 11 या 21 शुक्रवार तक मां वैभव लक्ष्मी का व्रत जरूर करना चाहिए।

व्रत विधि:

1. शुक्रवार के दिन उपासक को ब्रह्ममुहूर्त में उठ जाना चाहिए। सभी नित्यकर्मों से निवृत्त होकर स्नानादि कर लें।
2. इसके बाद साफ वस्त्र धारण करें और मंदिर की साफ-सफाई कर लें।
3. मां लक्ष्मी का ध्यान करें और व्रत का संकल्प लें।
4. पूरे दिन फलाहार कर आप व्रत कर सकते हैं। व्रत पूरा होने के बाद शाम के समय अन्न ग्रहण करना चाहिए।
5. पूरे दिन उपवास के बाद शाम के समय फिर से स्नान करें। मां लक्ष्मी को सफेद वस्तुएं अतिप्रिय हैं। इसलिए पूजा के दौरान श्वेत वस्त्र पहनने की सलाह दी जाती है। शाम के पूजा करने के लिए पूर्व दिशा की तरफ मुंह कर बैठ जाएं।
6. इसके बाद चौकी पर लाल कपड़ा बिछाएं और उस पर वैभव लक्ष्मी की तस्वीर या मूर्ति स्थापित करें।
7. मूर्ति के बगल में श्रीयंत्र रखें।

8. मूर्ति या तस्वीर के सामने एक मुट्ठी भकर चावल का ढेर रख दें।
9. इस पर पानी से भरा हुआ तांबे का कलश रख दें। कलश के ऊपर एक छोटी कटोरी रखें। इसमें सोने या चांदी का कोई आभूषण रख दें।
10. वैभव लक्ष्मी के समक्ष लाल चंदन, गंध, लाल वस्त्र, लाल फूल अवश्य रखें।
11. प्रसाद में गाय से दूध से निर्मित चावल की खीर बनाएं। अगर आप खीर नहीं बना पाए हैं तो सफेद मिठाई का भोग भी लगा दें। यदि वो भी नहीं कर सकते तो आप चीनी का भी उपयोग कर सकते हैं। इसके पश्चात ज्योति, धूप इत्यादि प्रज्वल्लित कर पूजा प्रारम्भ करें।

12. सर्वप्रथम भगवान् गणेश का स्मरण करें। तत्पश्चात भगवान् शिव और माँ पार्वती का भी स्मरण कर लें।
अब आप भगवान् विष्णु और माँ लक्ष्मी का स्मरण करें और अभीष्ट इच्छा बोलते हुए व्रत करने का संकल्प लें ।

13. अब माँ लक्ष्मी स्तवन का पाठ करें।

"या रक्ताम्बुजवासिनी विलासिनी चण्डांशु तेजस्विनी।
या रक्ता रुधिराम्बरा हरिसखी या श्री मनोल्हादिनी॥
या रत्नाकरमन्थनात्प्रगटिता विष्णोस्वया गहिनी।
सा मां पातु मनोरमा भगवती लक्ष्मीश्च पद्मावती ॥"

14. इस दौरान श्रीयंत्र की भी पूजा करनी चाहिए। इसके बाद व्रत कथा पढ़ें। फिर गोघृत दीपक से मां की आरती करें।

15. व्रत कथा करने के बाद उपासक को कम से कम 7 बार अपनी मनोकामना को मन में दोहराना चाहिए। मां लक्ष्मी का ध्यान कर प्रसाद ग्रहण करें। घर के मुख्य द्वार पर घी का एक दीपक जला दें।

2

श्री गणेश उपासना

(किसी भी देवी या देवता के पूजन से पूर्व भगवान श्री गणेश जी की पूजा करना श्रेष्ठकर होता है क्योंकि भगवन गणेश जी को हमारे शास्त्रों में विघ्नहर्ता कहा गया है, अतैव भगवान गणेश विघ्नहर्ता के रूप में हमारी पूजा में आने वाली बाधाओं को समाप्त कर हमारी पूजा को न केवल सफलता प्रदान करते हैं अपितु हमारे जीवन में आने वाली समस्त बाधाओं का भी हरण करते हैं। वैसे भी शास्त्रानुसार किसी भी देवता की पूजा करने से पहले भगवान् गणेश जी की पूजा करना आवश्यक है।)

१- वक्रतुण्ड महाकाय सूर्यकोटि समप्रभा।
निर्विघ्नं कुरु मे देव सर्वकार्येषु सर्वदा॥

अर्थ - घुमावदार सूंड वाले, विशाल शरीर काय, करोड़ सूर्य के समान महान प्रतिभाशाली। मेरे प्रभु, हमेशा मेरे सारे कार्य बिना विघ्न के पूरे करें (करने की कृपा करें)॥

२- विघ्नेश्वराय वरदाय सुरप्रियाय लम्बोदराय सकलाय जगद्धितायं।
नागाननाथ श्रुतियज्ञविभूषिताय गौरीसुताय गणनाथ नमो नमस्ते॥

अर्थ - विघ्नेश्वर, वर देनेवाले, देवताओं को प्रिय, लम्बोदर, कलाओंसे परिपूर्ण, जगत् का हित करनेवाले, गजके समान मुखवाले और वेद तथा यज्ञ से विभूषित पार्वतीपुत्र को नमस्कार है ; हे गणनाथ ! आपको नमस्कार है ।

<u>संकटनाशन स्तोत्र</u>

प्रणम्यं शिरसा देवं गौरीपुत्रं विनायकम।
भक्तावासं स्मरैनित्यंमायु:कामार्थसिद्धये।।1।।

प्रथमं वक्रतुंडं च एकदंतं द्विवतीयकम।
तृतीयं कृष्ण पिङ्ाक्षं गजवक्त्रं चतुर्थकम।।2।।
लम्बोदरं पंचमं च षष्ठं विकटमेव च।
सप्तमं विघ्नराजेन्द्रं धूम्रवर्ण तथाष्टकम् ।।3।।
नवमं भालचन्द्रं च दशमं तु विनायकम।
एकादशं गणपतिं द्वादशं तु गजाननम।।4।।
द्वादशैतानि नामानि त्रिसंध्य यः पठेन्नरः।
न च विघ्नभयं तस्य सर्वासिद्धिकरं प्रभो।।5।।
विद्यार्थी लभते विद्यां धनार्थी लभते धनम्।
पुत्रार्थी लभते पुत्रान् मोक्षार्थी लभते गतिम् ।।6।।
जपेद्वगणपतिस्तोत्रं षड्भिर्मासैः फलं लभेत्।
संवत्सरेण सिद्धिं च लभते नात्र संशयः ।।7।।
अष्टभ्यो ब्राह्मणेभ्यश्च लिखित्वां यः समर्पयेत।
तस्य विद्या भवेत्सर्वा गणेशस्य प्रसादतः।।8।।

॥ इति श्रीनारदपुराणे संकष्टनाशनं गणेशस्तोत्रं सम्पूर्णम् ॥

3

लक्ष्मी स्तवन

"या रक्ताम्बुजवासिनी विलासिनी चण्डांशु तेजस्विनी।
या रक्ता रुधिराम्बरा हरिसखी या श्री मनोल्हादिनी॥
या रत्नाकरमन्थनात्प्रगटिता विष्णोस्वया गेहिनी।
सा मां पातु मनोरमा भगवती लक्ष्मीश्च पद्मावती ॥"

अर्थ- जो लाल कमल पर निवास करती हैं, जिनकी कान्ति अपूर्व है तथा जिनका तेज असह्य है। जिन्होंने रक्त के सामान लाल वस्त्र धारण किये हुए हैं तथा जो भगवान् विष्णु को अत्यंत प्रिय हैं। जो माँ लक्ष्मी ह्रदय एवं मन को प्रसन्नता से भर देती हैं तथा जो समुद्रमंथन से प्रकट हुई हैं। जो भगवान् विष्णु की पत्नी हैं तथा कमल पर निवास करती हैं और अतिशय शून्य हैं वो माँ लक्ष्मी मेरी रक्षा करें। हे माँ ! मेरी रक्षा करें।

<u>महालक्ष्मी कृपा प्रार्थना स्तोत्र</u>

इन्द्र उवाच

नमस्तेऽस्तु महामाये श्रीपीठे सुरपूजिते।
शंखचक्रगदाहस्ते महालक्ष्मी नमोऽस्तु ते।।1।।

इन्द्र बोले, श्रीपीठ पर स्थित और देवताओं से पूजित होने वाली हे महामाये। तुम्हें नमस्कार है। हाथ में शंख, चक्र और गदा धारण करने वाली हे महालक्ष्मी! तुम्हें प्रणाम है।

नमस्ते गरुडारूढे कोलासुरभयंकरि।
सर्वपापहरे देवि महालक्ष्मी नमोऽस्तु ते।।2।।

गरुड़ पर आरुढ़ हो कोलासुर को भय देने वाली और समस्त पापों को हरने वाली हे भगवति महालक्ष्मी! तुम्हें प्रणाम है।

सर्वज्ञे सर्ववरदे देवी सर्वदुष्टभयंकरि।
सर्वदुःखहरे देवि महालक्ष्मी नमोऽस्तु ते।।3।।

सब कुछ जानने वाली, सबको वर देने वाली, समस्त दुष्टों को भय देने वाली और सबके दुःखों को दूर करने वाली, हे देवि महालक्ष्मी! तुम्हें नमस्कार है।

सिद्धिबुद्धिप्रदे देवि भुक्तिमुक्तिप्रदायिनि।
मन्त्रपूते सदा देवि महालक्ष्मी नमोऽस्तु ते।।4।।

सिद्धि, बुद्धि, भोग और मोक्ष देने वाली हे मन्त्रपूत भगवती महालक्ष्मी! तुम्हें सदा प्रणाम है।

आद्यन्तरहिते देवि आद्यशक्तिमहेश्वरि।
योगजे योगसम्भूते महालक्ष्मी नमोऽस्तु ते।।5।।

हे देवी! हे आदि-अन्तरहित आदिशक्ति! हे महेश्वरी! हे योग से प्रकट हुई भगवती महालक्ष्मी! तुम्हें नमस्कार है।

स्थूलसूक्ष्ममहारौद्रे महाशक्तिमहोदरे।
महापापहरे देवि महालक्ष्मी नमोऽस्तु ते।।6।।

हे देवी! तुम स्थूल, सूक्ष्म एवं महारौद्ररूपिणी हो, महाशक्ति हो, महोदरा हो और बड़े-बड़े पापों का नाश करने वाली हो। हे देवी महालक्ष्मी! तुम्हें नमस्कार है।

पद्मासनस्थिते देवी परब्रह्मस्वरूपिणी।
परमेशि जगन्मातर्महालक्ष्मी नमोस्तुते।।7।।

हे कमल के आसन पर विराजमान परब्रह्मस्वरूपिणी देवी! हे परमेश्वरी! हे जगदम्बे ! हे महालक्ष्मी! तुम्हें मेरा प्रणाम है।

श्वेताम्बरधरे देवि नानालंकारभूषिते।
जगत्स्थिते जगन्मातर्महालक्ष्मी नमोऽस्तु ते।।8।।

हे देवी तुम श्वेत एवं लाल वस्त्र धारण करने वाली और नाना प्रकार के अलंकारों से विभूषिता हो। सम्पूर्ण जगत् में व्याप्त एवं अखिल लोक को जन्म देने वाली हो। हे महालक्ष्मी! तुम्हें मेरा प्रणाम है।

स्तोत्र पाठ का फल

महालक्ष्म्यष्टकं स्तोत्रं यः पठेद्भक्तिमान्नरः।
सर्वसिद्धिमवाप्नोति राज्यं प्राप्नोति सर्वदा।।9।।

जो मनुष्य भक्तियुक्त होकर इस महालक्ष्म्यष्टक स्तोत्र का सदा पाठ करता है, वह सारी सिद्धियों और राजवैभव को प्राप्त कर सकता है।

एककाले पठेन्नित्यं महापापविनाशनम्।
द्विकालं यः पठेन्नित्यं धन्यधान्यसमन्वितः।।10।।

जो प्रतिदिन एक समय पाठ करता है, उसके बड़े-बड़े पापों का नाश हो जाता है। जो दो समय पाठ करता है, वह धन-धान्य से सम्पन्न होता है।

त्रिकालं यः पठेन्नित्यं महाशत्रुविनाशनम्।
महालक्ष्मीर्भवेन्नित्यं प्रसन्ना वरदा शुभा।।11।।

जो प्रतिदिन तीन काल पाठ करता है उसके महान शत्रुओं का नाश हो जाता है और उसके ऊपर कल्याणकारिणी वरदायिनी महालक्ष्मी सदा ही प्रसन्न होती हैं।

4

वैभव लक्ष्मी व्रत कथा

किसी शहर में अनेको लोग रहते थे। उसी शहर में शीला भी अपने पति के साथ रहती थी। शीला और उनका पति ईमानदारी से जीते थे। वे किसी की बुराई करते न थे और प्रभु भजन में अच्छी तरह समय व्यतीत कर रहे थे। शहर के लोग उनकी गृहस्थी की सराहना करते थे। शीला की गृहस्थी इसी तरह खुशी-खुशी चल रही थी। पर शीला के पति के अगले जन्म के कर्म भोगने के बाकी रह गये थे ऐसे में वह बुरे लोगों से दोस्ती कर बैठा। वह जल्द से जल्द 'करोड़पति' होने के ख्वाब देखने लगा। इसलिए वह गलत रास्ते पर चल गया। जल्द ही रास्ते पर भटकते भिखारी जैसी उसकी हालत हो गई थी।

शहर में शराब, जुआ, रेस, चरस, गंजा वगैरह बादियां फैली हुई थीं। उसमें शीला का पति भी फंस गया। दोस्तों के साथ उसे भी शराब की आदत हो गई। जल्द से जल्द पैसे वाला बनने की लालच में दोस्तों के साथ जुआ भी खेलने लगा। इस तरह बचाई हुई धनराशि, पत्नी के गहने, सब कुछ रेस-जुए में गंवा दिया था।

इसी तरह एक वक्त ऐसा भी था कि वह सुशील पत्नी शीला के साथ मजे में रहता था और प्रभु भजन में सुख-शांति से वक्त व्यतीत करता था। उसके बजाय घर में दरिद्रता और भूखमरी फैल गई। सुख से खाने की बजाय दो वक्त भोजन के लाले पड़ गये और शीला को पति की गालियां खाने का वक्त आया था।

शीला सुशीला और संरकारी स्त्री थी। उसको पति के बर्ताव से बहुत दुःख हुआ। किन्तु वह भगवान पर भरोसा करके बड़ा दिल रख कर दुःख सहने लगी। कहा जाता है कि 'सुख के पीछे दुःख और दुःख के पीछे सुख' आता ही है। इसलिये दुःख के बाद सुख आयेगा ही, ऐसी श्रद्धा के साथ शीला प्रभु भक्ति में लीन रहने लगी।

इस तरह शीला असहय दुःख सहते-सहते प्रभुभक्ति में वक्त बिताने लगी। अचानक एक दिन दोपहर को उनके द्वार पर किसी ने दस्तक दी। शीला सोच में पड़ी गई कि मुझ जैसे गरीब के घर इस वक्त कौन आया होगा? फिर भी द्वार पर आये हुए अतिथि का आदर करना चाहिये, ऐसे आर्यधर्म के संस्कार वाली शीला ने जा कर द्वार खोला।

देखा तो सामने एक माता जी खड़ी थी। वे बड़ी उम्र की लगती थी। किन्तु उनके चेहरे पर अलौकिक तेज निखर रहा था। उनकी आँखों में माने अमृत बाह रहा हो। उनका भव्य चेहरा करूणा और प्यार से छलकता था। उनका देखते ही शीला के मन में अपार शांति छा गई। वैसे शीला मां जी को पहचानती न थी। फिर भी उनको देखकर शीला के रोम-रोम में आनन्द छा गया और शीला मां जी को आदर के साथ घर के भीतर ले आयी। घर में बिठाने के लिये कुछ भी नहीं था। अतः शीला ने सकुचा कर फटी हुई चद्दर पर उनको बिठाया।

मां जी ने कहाः क्यो शीला ! मुझे पहचाना नहीं?

शीला ने सकुचा कर कहा मां! आपको देखते ही बहुत खुशी हो रही है। बहुत शांति सी महसूस हो रही है। ऐसा लगता है कि मैं बहुत दिनों से जिसे ढूंढ रही थी वे आप ही है। पर आपको पहचान नहीं सकती। मांजी ने कहा कि क्यों मुझे भूल गई? हर शुक्रवार को लक्ष्मीजी के मंदिर में भजन कीर्तन होते है, तब मैं भी वहां आती हूं। वहां हर शुक्रवार को हम मिलते हैं।

पति गलत रास्ते पर चढ़ गया तब से शीला बहुत दुःखी हो गई थी और दुःख की मारी वह लक्ष्मी जी को मंदिर में भी नहीं जाती थी। बाहर के लोगों के साथ नजर मिलाते भी उसे शर्म लगती थी। उसने याददास्त पर जोर दिया पर यह मांजी याद नहीं आ रहीं थी।

तभी मांजी ने कहा, 'तू लक्ष्मीजी के मंदिर में कितने मधुर भजन गाती थी। अभी-अभी तू दिखाई नहीं देती थी, इसलिये मुझे हुआ कि तू क्यों नहीं आती है? कहीं बीमार तो नहीं हो गई है न? ऐसा सोचकर मैं मिलने चली आई हूं।'

मांजी के अति प्रेम भरे शब्दों से शीला का ह्रदय पिघल गया। उसकी आंख में आंसू आ गए। मांजी के सामने वह बिलख-बिलख कर रोने लगी। यह देखकर मांजी शीला के नजदीक सिर के और उसकी सिसकती पीठ पर प्यार भरा हाथ फेर कर सांत्वना देने लगे।

मांजी ने कहा- सुख और दुःख तो धुप और छांव जैसे होते हैं। सुख के पीछे दुःख आता है, तो दुःख के पीछे सुख भी आता है। धैर्य रखो बेटी और तुझे क्या परेशानी है? तेरे दुःख की बात मुझे सुना। तेरा मन भी हलका हो जायेगा और तेरे दुःख का

कोई उपाय भी मिल जायेगा।

मांजी की बात सुनकर शीला के मन को शांति मिली। उसने मांजी को कहा, मां! मेरी गृहस्थी में भरपूर सूख और खुशियां थी। मेरे पति भी सुशील थे। भगवान की कृपा से पैसे की बात में भी हमें संतोष था। हम शांति से गृहस्थी चलाते ईश्वर-भक्ति में अपना वक्त व्यतीत करते थे। यकायक हमारा भाग्य हमसे रूठ गया। मेरे पति को बुरी दोस्ती हो गई। बुरी दोस्ती की वज से वे शराब जुआ, रेस, चरस, गंजा वगैरह खराब आदतों के शिकार हो गये और उन्होने सब कुछ गँवा दिया और हम रास्ते के भिखारी जैसे बन गये।'

इस अमावस्या पूरी रात रहेगा चांद गायब, सुख- समृद्धि और परिवार के लिए है बेहद शुभ

यह सुनकर मांजी ने कहा- सुख के पीछे दुःख और दुःख के पीछे सुख आता ही रहता हैं। ऐसा भी कहा जाता है कि 'कर्म' की गति न्यारी होती है।' हर इन्सान को अपने कर्म भुगताने ही पड़ते है। इसलिये तू चिंता मत कर। अब तू कर्म भुगत चुकी है। अब तुम्हारे सुख के दिन अवश्य आयेगे। तू तो मां लक्ष्मीजी की भक्त है। मां लक्ष्मीजी तो प्रेम और करूणा के अवतार हैं। वे अपने भक्तों पर हमेशा ममता रखती है। इसलिये तू धैर्य रख के मां लक्ष्मीजी का व्रत कर। इससे सब कुछ ठीक हो जायेगा।

मां लक्ष्मीजी का व्रत करने की बात सुनकर शीला के चेहरे पर चमक आ गई। उसने पूछा 'मा'! लक्ष्मीजी का व्रत कैसे किया जाता है, वह मुझे समझाये। मैं यह व्रत अवश्य करूंगी।

मांजी ने कहा, बेटी! मां लक्ष्मीजी का व्रत बहुत सरल है। उसे वरदलक्ष्मी व्रत या वैभवलक्ष्मी व्रत कहा जाता है। यह व्रत करने वाले सब मनोकामना पूर्ण होती हैं। वह सुख-संपति और यश प्राप्त करता है। ऐसा कहकर मांजी वैभवलक्ष्मी व्रत की विधि करने लगीं।

प्रसाद पहले पति को खिलाया। प्रसाद खाते ही पति के स्वभाव में फर्क पड़ गया। उस दिन उसने शीला को मारा नहीं, सताया भी नहीं। शीला को बहुत आनंद हुआ। उनके मन में वैभवलक्ष्मी व्रत के लिये श्रद्धा बढ़ गई।

शीला ने पूर्ण श्रद्धा-भक्ति से 20 शुक्रवार तक वैभवलक्ष्मी व्रत किया। 21वें शुक्रवार को मांजी के कहे मुताबिक उद्यापन विधि करके सात स्त्रियों को वैभवलक्ष्मी व्रत की सात पुस्तकें उपहार में दी। फिर माताजी के धनलक्ष्मी स्वरूप की छवि को वंदन करके भाव से मन ही मन प्रार्थना करने लगी। हे मां धनलक्ष्मी! मैंने आपका वैभवलक्ष्मी व्रत करने की मन्नत मानी थी वह व्रत आज पूर्ण किया

है।

हे मां! मेरी हर विपत्ति दूर करो। हमारा सबका कल्याण करो। जिसे संतान न हो, उसे संतान देना। सौभाग्यवती स्त्रीयों का सौभाग्य अखंड रखना। कुंवारी लड़कियों को मनभावन पति देना। आपका यह चमत्कारी वैभवलक्ष्मी व्रत करे उनकी सब विपत्ति दूर करना। सबको सुखी करना। हे मां! आपकी महिमा अपार है।

ऐसा बोलकर लक्ष्मीजी के धनलक्ष्मी स्वरूप की छवि को प्रणाम किया। इस तरह शास्त्रीय विधिपूर्वक शीला ने श्रद्धा से व्रत किया और तुरन्त ही उसे फल मिला। उसका पति गलत रास्ते पर चला गया था, वह अच्छा आदमी हो गया और कड़ी मेहनत करके व्यवसाय करने लगा। मां वैभव लक्ष्मी की कृपा से शीला के घर में धन की बाढ़ आ गई। वैभवलक्ष्मी व्रत का प्रभाव देखकर मोहल्ले की दूसरी स्त्रियां भी विधिपर्वूक वैभवलक्ष्मी व्रत करने लगीं।

5

माँ लक्ष्मी मंत्र जाप

किसी भी एक मंत्र का जाप कर माँ लक्ष्मी का ध्यान करें।

श्री लक्ष्मी बीज मन्त्र:

- ॐ श्रीं ह्रीं श्रीं कमले कमलालये प्रसीद प्रसीद श्रीं ह्रीं श्रीं ॐ महालक्ष्मी नम:।।

लक्ष्मी प्रार्थना मंत्र:

'नमस्ते सर्वगेवानां वरदासि हरे: प्रिया।
या गतिस्त्वत्प्रपन्नानां या सा मे भूयात्वदर्चनात्।।

श्री लक्ष्मी महामंत्र:

- "ॐ श्रीं ल्कीं महालक्ष्मी महालक्ष्मी एह्येहि सर्व सौभाग्यं देहि मे स्वाहा।।"

माता लक्ष्मी के मंत्र

- ॐ श्रीं ह्रीं श्रीं कमले कमलालये प्रसीद प्रसीद श्रीं ह्रीं श्रीं ॐ महालक्ष्मी नम:।।
- ॐ श्रीं ल्कीं महालक्ष्मी महालक्ष्मी एह्येहि सर्व सौभाग्यं देहि मे स्वाहा।।
- ॐ ह्रीं श्री क्रीं क्लीं श्री लक्ष्मी मम गृहे धन पूरये, धन पूरये, चिंताएं दूरये-दूरये स्वाहा:।।
- ॐ श्रीं ह्रीं क्लीं श्री सिद्ध लक्ष्म्यै नम: ।।
- पद्मानने पद्म पद्माक्ष्मी पद्म संभवे तन्मे भजसि पद्माक्षि येन सौख्यं लभाम्यहम् ।।

- ऊं ह्रीं त्रिं हुं फट ।।
- लक्ष्मी नारायण नमः ।।

6

श्री लक्ष्मीकवचम्

नारद उवाच

आविर्भूय हरिस्तस्मै किं स्तोत्रं कवचं ददौ ।
महालक्ष्म्याश्च लक्ष्मीशस्तन्मे ब्रूहि तपोधन ॥ १ ॥

नारायण उवाच

पुष्करे च तपस्तप्त्वा विरराम सुरेश्वरः ।
आविर्बभूव तत्रैव क्लिष्टं दृष्ट्वा हरिः स्वयम् ॥ २ ॥
तमुवाच हृषीकेशो वरं वृणु यथेप्सितम् ।
स च वव्रे वरं लक्ष्मीमीशस्तस्मै ददौ मुदा ॥ ३ ॥
वरं दत्वा हृषीकेशः प्रवक्तुमुपचक्रमे ।
हितं सत्यं च सारं च परिणामसुखावहम् ॥ ४ ॥

श्रीमधुसुदन उवाच

गृहाण कवचं शक्र सर्वदुःखविनाशनम् ।
परमैश्वर्यजनकं सर्वशत्रुविमर्दनम् ॥ ५ ॥
ब्रह्मणे च पुरा दत्तं संसारे च जलप्लुते ।
यद् धृत्वा जगतां श्रेष्ठः सर्वैश्वर्ययुतो विधिः ॥ ६ ॥
बभूवुर्मनवः सर्वे सर्वैश्वर्ययुता यतः ।
सर्वैश्वर्यप्रदस्यास्य कवचस्य ऋषिर्विधिः ॥ ७ ॥
पङ्क्तिश्छश्च सा देवी स्वयं पद्मालया सुर ।
सिद्धैश्वर्यजपेष्वेव विनियोगः प्रकीर्तितः ॥ ८ ॥
यद् धृत्वा कवचं लोकः सर्वत्र विजयी भवेत् ।
मस्तकं पातु मे पद्मा कण्ठं पातु हरिप्रिया ॥ ९ ॥

नासिकां पातु मे लक्ष्मीः कमला पातु लोचनम् ।
केशान् केशवकान्ता च कपालं कमलालया ॥ १० ॥
जगत्प्रसूर्गण्डयुग्मं स्कन्धं सम्पत्प्रदा सदा ।
ॐ श्रीं कमलवासिन्यै स्वाहा पृष्ठं सदावतु ॥ ११ ॥
ॐ श्रीं पद्मालयायै स्वाहा वक्षः सदावतु ।
पातु श्रीर्मम कङ्कालं बाहुयुग्मं च ते नमः ॥ १२ ॥
ॐ ह्रीं श्रीं लक्ष्म्यै नमः पादौ पातु मे संततं चिरम् ।
ॐ ह्रीं श्रीं नमः पद्मायै स्वाहा पातु नितम्बकम् ॥ १३ ॥
ॐ श्रीं महालक्ष्म्यै स्वाहा सर्वाङ्गं पातु मे सदा ।
ॐ ह्रीं श्रीं क्लीं महालक्ष्म्यै स्वाहा मां पातु सर्वतः ॥ १४ ॥

फलश्रुति

इति ते कथितं वत्स सर्वसम्पत्करं परम्। सर्वैश्वर्यप्रदं नाम कवचं परमाद्भुतम्॥
गुरुमभ्यर्च्य विधिवत् कवचं शरयेत्तु यः। कण्ठे वा दक्षिणे बांहौ स सर्वविजयी भवेत्॥
महालक्ष्मीर्गृहं तस्य न जहाति कदाचन। तस्य छायेव सततं सा च जन्मनि जन्मनि॥
इदं कवचमज्ञात्वा भजेल्लक्ष्मीं सुमन्दधीः। शतलक्षप्रजप्तोऽपि न मन्त्रः सिद्धिदायकः॥

॥ इति श्रीब्रह्मवैवर्ते इन्द्रं प्रति हरिणोपदिष्टं लक्ष्मीकवचं सम्पूर्णम् ॥

7

श्री लक्ष्मी चालीसा

दोहा

मातु लक्ष्मी करि कृपा करो हृदय में वास।
मनोकामना सिद्ध कर पुरवहु मेरी आस॥
सिंधु सुता विष्णुप्रिये नत शिर बारंबार।
ऋद्धि सिद्धि मंगलप्रदे नत शिर बारंबार॥ टेक॥

सोरठा

यही मोर अरदास, हाथ जोड़ विनती करूं।
सब विधि करौ सुवास, जय जननि जगदंबिका॥

॥ चौपाई ॥

सिन्धु सुता मैं सुमिरौं तोही। ज्ञान बुद्धि विद्या दो मोहि॥
तुम समान नहिं कोई उपकारी। सब विधि पुरबहु आस हमारी॥
जै जै जगत जननि जगदम्बा। सबके तुमही हो स्वलम्बा॥
तुम ही हो घट घट के वासी। विनती यही हमारी खासी॥
जग जननी जय सिन्धु कुमारी। दीनन की तुम हो हितकारी॥
विनवौं नित्य तुमहिं महारानी। कृपा करौ जग जननि भवानी।
केहि विधि स्तुति करौं तिहारी। सुधि लीजै अपराध बिसारी॥
कृपा दृष्टि चितवो मम ओरी। जगत जननि विनती सुन मोरी॥
ज्ञान बुद्धि जय सुख की दाता। संकट हरो हमारी माता॥
क्षीर सिंधु जब विष्णु मथायो। चौदह रत्न सिंधु में पायो॥
चौदह रत्न में तुम सुखरासी। सेवा कियो प्रभुहिं बनि दासी॥
जब जब जन्म जहां प्रभु लीन्हा। रूप बदल तहं सेवा कीन्हा॥

स्वयं विष्णु जब नर तनु धारा। लीन्हेउ अवधपुरी अवतारा॥
तब तुम प्रकट जनकपुर माहीं। सेवा कियो हृदय पुलकाहीं॥
अपनायो तोहि अन्तर्यामी। विश्व विदित त्रिभुवन की स्वामी॥
तुम सब प्रबल शक्ति नहिं आनी। कहं तक महिमा कहौं बखानी॥
मन क्रम वचन करै सेवकाई। मन- इच्छित वांछित फल पाई॥
तजि छल कपट और चतुराई। पूजहिं विविध भांति मन लाई॥
और हाल मैं कहौं बुझाई। जो यह पाठ करे मन लाई॥
ताको कोई कष्ट न होई। मन इच्छित फल पावै फल सोई॥
त्राहि- त्राहि जय दुःख निवारिणी। त्रिविध ताप भव बंधन हारिणि॥
जो यह चालीसा पढ़े और पढ़ावे। इसे ध्यान लगाकर सुने सुनावै॥
ताको कोई न रोग सतावै। पुत्र आदि धन सम्पत्ति पावै।
पुत्र हीन और सम्पत्ति हीना। अन्धा बधिर कोढ़ी अति दीना॥
विप्र बोलाय कै पाठ करावै। शंका दिल में कभी न लावै॥
पाठ करावै दिन चालीसा। ता पर कृपा करैं गौरीसा॥
सुख सम्पत्ति बहुत सी पावै। कमी नहीं काहू की आवै॥
बारह मास करै जो पूजा। तेहि सम धन्य और नहिं दूजा॥
प्रतिदिन पाठ करै मन माहीं। उन सम कोई जग में नाहिं॥
बहु विधि क्या मैं करौं बड़ाई। लेय परीक्षा ध्यान लगाई॥
करि विश्वास करैं व्रत नेमा। होय सिद्‍ध उपजै उर प्रेमा॥
जय जय जय लक्ष्मी महारानी। सब में व्यापित जो गुण खानी॥
तुम्हरो तेज प्रबल जग माहीं। तुम सम कोउ दयाल कहूं नाहीं॥
मोहि अनाथ की सुधि अब लीजै। संकट काटि भक्ति मोहि दीजे॥
भूल चूक करी क्षमा हमारी। दर्शन दीजै दशा निहारी॥
बिन दरशन व्याकुल अधिकारी। तुमहिं अक्षत दुःख सहते भारी॥
नहिं मोहिं ज्ञान बुद्‍धि है तन में। सब जानत हो अपने मन में॥
रूप चतुर्भुज करके धारण। कष्ट मोर अब करहु निवारण॥
कहि प्रकार मैं करौं बड़ाई। ज्ञान बुद्‍धि मोहिं नहिं अधिकाई॥
रामदास अब कहाई पुकारी। करो दूर तुम विपति हमारी॥

दोहा

त्राहि त्राहि दुःख हारिणी हरो बेगि सब त्रास।
जयति जयति जय लक्ष्मी करो शत्रुन का नाश॥

रामदास धरि ध्यान नित विनय करत कर जोर।
मातु लक्ष्मी दास पर करहु दया की कोर॥
।। इति श्री लक्ष्मी चालीसा संपूर्णम।।

8

माँ लक्ष्मी जी की आरती

ॐ जय लक्ष्मी माता, मैया जय लक्ष्मी माता।
तुम को निश दिन सेवत, हर विष्णु विधाता।। ॐ जय ।।
उमा रमा ब्रह्माणी, तुम ही जग माता।
सूर्य चंद्रमा ध्यावत, नारद ऋषि गाता।। ॐ जय ।।
दुर्गा रूप निरंजनि, सुख सम्पति दाता।
जो कोई तुमको ध्याता, ऋद्धि सिद्धि धन पाता।। ॐ जय ।।
तुम पाताल निवासिनी, तुम ही शुभ दाता।
कर्म प्रभाव प्रकाशिनी, भव निधि की त्राता।। ॐ जय ।।
जिस घर तुम रहती सब सद्गुण आता।
सब संभव हो जाता, मन नहीं घबराता।। ॐ जय ।।
तुम बिन यज्ञ न होते, वस्त्र न कोई पाता।
खान पान का वैभव, सब तुमसे आता।। ॐ जय ।।
शुभ गुण मंदिर सुंदर, क्षीरोदधि जाता।
रत्न चतुर्दश तुम बिन, कोई नहीं पाता।। ॐ जय ।।
महालक्ष्मीजी की आरती, जो कोई नर गाता।
उर आनंद समाता, सब पाप उतर जाता।। ॐ जय।।
बोलो लक्ष्मी माता की जय। बोलो विष्णु भगवान् की जय।

9

श्री सूक्तम

ॐ हिरण्यवर्णां हरिणीं सुवर्णरजतस्त्रजाम्।
चन्द्रां हिरण्मयीं लक्ष्मीं जातवेदो म आवह ॥1॥

अर्थ – हे सर्वज्ञ अग्निदेव ! सुवर्ण के रंगवाली, सोने और चाँदी के हार पहनने वाली, चन्द्रमा के समान प्रसन्नकांति, स्वर्णमयी लक्ष्मीदेवी को मेरे लिये आवाहन करो।

तां म आवह जातवेदो लक्ष्मीमनपगामिनीम्।
यस्यां हिरण्यं विन्देयं गामश्वं पुरुषानहम् ॥2॥

अर्थ – अग्ने ! उन लक्ष्मीदेवी को, जिनका कभी विनाश नहीं होता तथा जिनके आगमन से मैं सोना, गौ, घोड़े तथा पुत्रादि को प्राप्त करूँगा, मेरे लिये आवाहन करो।

अश्वपूर्वां रथमध्यां हस्तिनादप्रमोदिनीम्।
श्रियं देवीमुप ह्वये श्रीर्मा देवी जुषताम् ॥3॥

अर्थ – जिन देवी के आगे घोड़े तथा उनके पीछे रथ रहते हैं तथा जो हस्तिनाद को सुनकर प्रमुदित होती हैं, उन्हीं श्रीदेवी का मैं आवाहन करता हूँ; लक्ष्मीदेवी मुझे प्राप्त हों।

कां सोस्मितां हिरण्यप्राकारामार्द्रां
ज्वलन्तीं तृप्तां तर्पयन्तीम्।
पद्मेस्थितां पद्मवर्णां
तामिहोप ह्वये श्रियम् ॥4॥

अर्थ – जो साक्षात ब्रह्मरूपा, मंद-मंद मुसकराने वाली, सोने के आवरण से आवृत, दयार्द्र, तेजोमयी, पूर्णकामा, अपने भक्तों पर अनुग्रह करनेवाली, कमल

के आसन पर विराजमान तथा पद्मवर्णा हैं, उन लक्ष्मीदेवी का मैं यहाँ आवाहन करता हूँ।

चन्द्रां प्रभासां यशसा ज्वलन्तीं
श्रियं लोके देवजुष्टामुदाराम्।
तां पद्मिनीमीं शरणं प्रपद्ये
अलक्ष्मीर्मे नश्यतां त्वां वृणे ॥5॥

अर्थ – मैं चन्द्रमा के समान शुभ्र कान्तिवाली, सुन्दर द्युतिशालिनी, यश से दीप्तिमती, स्वर्गलोक में देवगणों के द्वारा पूजिता, उदारशीला, पद्महस्ता लक्ष्मीदेवी की शरण ग्रहण करता हूँ। मेरा दारिद्र्य दूर हो जाय। मैं आपको शरण्य के रूप में वरण करता हूँ।

आदित्यवर्णे तपसोऽधि जातो
वनस्पतिस्तव वृक्षोऽथ बिल्वः।
तस्य फलानि तपसानुदन्तु
या अन्तरा याश्च बाह्या अलक्ष्मीः ॥6॥

अर्थ – हे सूर्य के समान प्रकाशस्वरूपे ! तुम्हारे ही तप से वृक्षों में श्रेष्ठ मंगलमय बिल्ववृक्ष उत्पन्न हुआ। उसके फल हमारे बाहरी और भीतरी दारिद्र्य को दूर करें।

उपैतु मां देवसखः
कीर्तिश्च मणिना सह।
प्रादुर्भूतोऽस्मि राष्ट्रेऽस्मिन्
कीर्तिमृद्धिं ददातु मे ॥7॥

अर्थ – देवि ! देवसखा कुबेर और उनके मित्र मणिभद्र तथा दक्ष प्रजापति की कन्या कीर्ति मुझे प्राप्त हों अर्थात मुझे धन और यश की प्राप्ति हो। मैं इस राष्ट्र में उत्पन्न हुआ हूँ, मुझे कीर्ति और ऋद्धि प्रदान करें।

क्षुत्पिपासामलां ज्येष्ठामअलक्ष्मीं नाशयाम्यहम्।
अभूतिमसमृद्धिं च सर्वां निर्णुद मे गृहात् ॥8॥

अर्थ – लक्ष्मी की ज्येष्ठ बहिन अलक्ष्मी (दरिद्रता की अधिष्ठात्री देवी) का, जो क्षुधा और पिपासा से मलिन और क्षीणकाय रहती हैं, मैं नाश चाहता हूँ। देवि ! मेरे घर से सब प्रकार के दारिद्र्य और अमंगल को दूर करो।

गन्धद्वारां दुराधर्षां नित्यपुष्टां करीषिणीम्।
ईश्वरीं सर्वभूतानां तामिहोप ह्वये श्रियम् ॥9॥

अर्थ – जो दुराधर्षा और नित्यपुष्टा हैं तथा गोबर से (पशुओं से) युक्त गन्धगुणवती हैं। पृथ्वी ही जिनका स्वरुप है, सब भूतों की स्वामिनी उन लक्ष्मीदेवी का मैं यहाँ अपने घर में आवाहन करता हूँ।

मनसः काममाकूतिं वाचः सत्यमशीमहि।
पशूनां रूपमन्नस्य मयि श्रीः श्रयतां यशः ॥10॥

अर्थ – मन की कामनाओं और संकल्प की सिद्धि एवं वाणी की सत्यता मुझे प्राप्त हो। गौ आदि पशु एवं विभिन्न प्रकार के अन्न भोग्य पदार्थों के रूप में तथा यश के रूप में श्रीदेवी हमारे यहाँ आगमन करें।

कर्दमेन प्रजा भूता मयि सम्भव कर्दम।
श्रियं वासय मे कुले मातरं पद्‌ममालिनीम् ॥11॥

अर्थ – लक्ष्मी के पुत्र कर्दम की हम संतान हैं। कर्दम ऋषि ! आप हमारे यहाँ उत्पन्न हों तथा पद्‌मों की माला धारण करनेवाली माता लक्ष्मीदेवी को हमारे कुल में स्थापित करें।

आपः सृजन्तु स्निग्धानि चिक्लीत वस मे गृहे।
नि च देवीं मातरं श्रियं वासय मे कुले ॥12॥

अर्थ – जल स्निग्ध पदार्थों की सृष्टि करे। लक्ष्मीपुत्र चिक्लीत ! आप भी मेरे घर में वास करें और माता लक्ष्मीदेवी का मेरे कुल में निवास करायें।

आर्द्रां पुष्करिणीं पुष्टिं पिङ्गलां पद्‌ममालिनीम्।
चन्द्रां हिरण्मयीं लक्ष्मीं जातवेदो म आ वह ॥13॥

अर्थ – अग्ने ! आर्द्रस्वभावा, कमलहस्ता, पुष्टिरूपा, पीतवर्णा, पद्‌मों की माला धारण करनेवाली, चन्द्रमा के समान शुभ्र कान्ति से युक्त, स्वर्णमयी लक्ष्मीदेवी का मेरे यहाँ आवाहन करें।

आर्द्रां यः करिणीं यष्टिं सुवर्णां हेममालिनीम्।
सूर्यां हिरण्मयीं लक्ष्मीं जातवेदो म आ वह ॥14॥

अर्थ – अग्ने ! जो दुष्टों का निग्रह करनेवाली होने पर भी कोमल स्वभाव की हैं, जो मंगलदायिनी, अवलम्बन प्रदान करनेवाली यष्टिरूपा, सुन्दर वर्णवाली, सुवर्णमालाधारिणी, सूर्यस्वरूपा तथा हिरण्यमयी हैं, उन लक्ष्मीदेवी का मेरे लिये आवाहन करें।

तां म आवह जातवेदो लक्ष्मीमनपगामिनीम्।
यस्यां हिरण्यं प्रभूतं गावो दास्योऽश्वान् विन्देयं पुरुषानहम् ॥15॥

अर्थ – अग्ने ! कभी नष्ट न होनेवाली उन लक्ष्मीदेवी का मेरे लिये आवाहन करें, जिनके आगमन से बहुत-सा धन, गौएँ, दासियाँ, अश्व और पुत्रादि को हम

प्राप्त करें।

यः शुचिः प्रयतो भूत्वा जुहुयादाज्यमन्वहम्।
सूक्तं पञ्चदशर्चं च श्रीकामः सततं जपेत् ॥16॥

अर्थ – जिसे लक्ष्मी की कामना हो, वह प्रतिदिन पवित्र और संयमशील होकर अग्नि में घी की आहुतियाँ दे तथा इन पंद्रह ऋचाओं वाले श्री सूक्त का निरन्तर पाठ करे।

पद्मानने पद्मविपद्मपत्रे पद्मप्रिये पद्मदलायताक्षि।
विश्वप्रिये विष्णुमनोऽनुकूले त्वत्पादपद्मं मयि सं नि धत्स्व ॥17॥

अर्थ – कमल के समान मुखवाली ! कमलदल पर अपने चरणकमल रखनेवाली ! कमल में प्रीति रखनेवाली ! कमलदल के समान विशाल नेत्रोंवाली ! समग्र संसार के लिये प्रिय ! भगवान विष्णु के मन के अनुकूल आचरण करनेवाली ! आप अपने चरणकमल को मेरे हृदय में स्थापित करें।

पद्मानने पद्मऊरु पद्माक्षि पद्मसम्भवे।
तन्मे भजसि पद्माक्षि येन सौख्यं लभाम्यहम् ॥18॥

अर्थ – कमल के समान मुखमण्डल वाली ! कमल के समान ऊरुप्रदेश वाली ! कमल के समान नेत्रोंवाली ! कमल से आविर्भूत होनेवाली ! पद्माक्षि ! आप उसी प्रकार मेरा पालन करें, जिससे मुझे सुख प्राप्त हो।

अश्वदायि गोदायि धनदायि महाधने।
धनं मे जुषतां देवि सर्वकामांश्च देहि मे ॥19॥

अर्थ – अश्वदायिनी, गोदायिनी, धनदायिनी, महाधनस्वरूपिणी हे देवि ! मेरे पास सदा धन रहे, आप मुझे सभी अभिलषित वस्तुएँ प्रदान करें।

पुत्रपौत्रधनं धान्यं हस्त्यश्वाश्वतरी रथम्।
प्रजानां भवसि माता आयुष्मन्तं करोतु मे ॥20॥

अर्थ – आप प्राणियों की माता हैं। मेरे पुत्र, पौत्र, धन, धान्य, हाथी, घोड़े, खच्चर तथा रथ को दीर्घ आयु से सम्पन्न करें।

धनमग्निर्धनं वायुर्धनं सूर्यो धनं वसुः।
धनमिन्द्रो बृहस्पतिर्वरुणो धनमश्विना ॥21॥

अर्थ – अग्नि, वायु, सूर्य, वसुगण, इन्द्र, बृहस्पति, वरुण तथा अश्विनी कुमार – ये सब वैभवस्वरुप हैं।

वैनतेय सोमं पिब सोमं पिबतु वृत्रहा।
सोमं धनस्य सोमिनो मह्यं ददातु सोमिनः ॥22॥

अर्थ – हे गरुड ! आप सोमपान करें। वृत्रासुर के विनाशक इन्द्र सोमपान करें। वे गरुड तथा इन्द्र धनवान सोमपान करने की इच्छा वाले के सोम को मुझ सोमपान की अभिलाषा वाले को प्रदान करें।

न क्रोधो न च मात्सर्यं न लोभो नाशुभा मतिः।
भवन्ति कृतपुण्यानां भक्त्या श्रीसूक्तजापिनाम् ॥23॥

अर्थ – भक्तिपूर्वक श्री सूक्त का जप करनेवाले, पुण्यशाली लोगों को न क्रोध होता है, न ईर्ष्या होती है, न लोभ ग्रसित कर सकता है और न उनकी बुद्धि दूषित ही होती है।

सरसिजनिलये सरोजहस्ते
धवलतरांशुकगन्धमाल्यशोभे।
भगवति हरिवल्लभे मनोज्ञे
त्रिभुवनभूतिकरि प्र सीद मह्यम् ॥24॥

अर्थ – कमलवासिनी, हाथ में कमल धारण करनेवाली, अत्यन्त धवल वस्त्र, गन्धानुलेप तथा पुष्पहार से सुशोभित होनेवाली, भगवान विष्णु की प्रिया लावण्यमयी तथा त्रिलोकी को ऐश्वर्य प्रदान करनेवाली हे भगवति ! मुझपर प्रसन्न होइये।

विष्णुपत्नीं क्षमां देवीं माधवीं माधवप्रियाम्।
लक्ष्मीं प्रियसखीं भूमिं नमाम्यच्युतवल्लभाम् ॥25॥

अर्थ – भगवान विष्णु की भार्या, क्षमास्वरूपिणी, माधवी, माधवप्रिया, प्रियसखी, अच्युतवल्लभा, भूदेवी भगवती लक्ष्मी को मैं नमस्कार करता हूँ।

महालक्ष्म्यै च विद्महे विष्णुपत्न्यै च धीमहि।
तन्नो लक्ष्मीः प्रचोदयात् ॥26॥

अर्थ – हम विष्णु पत्नी महालक्ष्मी को जानते हैं तथा उनका ध्यान करते हैं। वे लक्ष्मीजी सन्मार्ग पर चलने के लिये हमें प्रेरणा प्रदान करें।

आनन्दः कर्दमः श्रीदश्चिक्लीत इति विश्रुताः।
ऋषयः श्रियः पुत्राश्च श्रीर्देवीर्देवता मताः ॥27॥

अर्थ – पूर्व कल्प में जो आनन्द, कर्दम, श्रीद और चिक्लीत नामक विख्यात चार ऋषि हुए थे। उसी नाम से दूसरे कल्प में भी वे ही सब लक्ष्मी के पुत्र हुए। बाद में उन्हीं पुत्रों से महालक्ष्मी अति प्रकाशमान शरीर वाली हुईं, उन्हीं महालक्ष्मी से देवता भी अनुगृहीत हुए।

ऋणरोगादिदारिद्र्यपापक्षुदपमृत्यवः।
भयशोकमनस्तापा नश्यन्तु मम सर्वदा ॥28॥

अर्थ – ऋण, रोग, दरिद्रता, पाप, क्षुधा, अपमृत्यु, भय, शोक तथा मानसिक ताप आदि – ये सभी मेरी बाधाएँ सदा के लिये नष्ट हो जाएँ।

श्रीर्वर्चस्वमायुष्यमारोग्यमाविधाच्छोभमानं महीयते।
धनं धान्यं पशुं बहुपुत्रलाभं शतसंवत्सरं दीर्घमायुः ॥29॥

अर्थ – भगवती महालक्ष्मी मानव के लिये ओज, आयुष्य, आरोग्य, धन-धान्य, पशु, अनेक पुत्रों की प्राप्ति तथा सौ वर्ष के दीर्घ जीवन का विधान करें और मानव इनसे मण्डित होकर प्रतिष्ठा प्राप्त करे।

॥ ऋग्वेद वर्णित श्री सूक्त सम्पूर्ण ॥

10

श्री लक्ष्मीसूक्तम् पाठ

ॐ पद्मानने पद्मिनि पद्मपत्रे पद्मप्रिये पद्मदलायताक्षि।
विश्वप्रिये विश्वमनोऽनुकूले त्वत्पादपद्मं मयि सन्निधत्स्व॥

- हे लक्ष्मी देवी! आप कमलमुखी, कमल पुष्प पर विराजमान, कमल-दल के समान नेत्रों वाली, कमल पुष्पों को पसंद करने वाली हैं। सृष्टि के सभी जीव आपकी कृपा की कामना करते हैं। आप सबको मनोनुकूल फल देने वाली हैं। हे देवी! आपके चरण-कमल सदैव मेरे ह्रदय में स्थित हों।

पद्मानने पद्मऊरू पद्माक्षी पद्मसम्भवे।
तन्मे भजसिं पद्माक्षि येन सौख्यं लभाम्यहम्॥

- हे लक्ष्मी देवी! आपका श्रीमुख, ऊरु भाग, नेत्र आदि कमल के समान हैं। आपकी उत्पत्ति कमल से हुई है। हे कमलनयनी! मैं आपका स्मरण करता हूँ, आप मुझ पर कृपा करें।

अश्वदायी गोदायी धनदायी महाधने।
धनं मे जुष तां देवि सर्वांकामांश्च देहि मे॥

- हे देवी! अश्व, गौ, धन आदि देने में आप समर्थ हैं। आप मुझे धन प्रदान करें। हे माता! मेरी सभी कामनाओं को आप पूर्ण करें।

पुत्र पौत्र धनं धान्यं हस्त्यश्वादिगवेरथम्।

प्रजानां भवसी माता आयुष्मंतं करोतु मे॥

- हे देवी! आप सृष्टि के समस्त जीवों की माता हैं। आप मुझे पुत्र-पौत्र, धन-धान्य, हाथी-घोड़े, गौ, बैल, रथ आदि प्रदान करें। आप मुझे दीर्घ-आयुष्य बनाएँ।

धनमाग्नि धनं वायुर्धनं सूर्यो धनं वसु।
धन मिंद्रो बृहस्पतिर्वरुणां धनमस्तु मे॥

- हे लक्ष्मी! आप मुझे अग्नि, धन, वायु, सूर्य, जल, बृहस्पति, वरुण आदि की कृपा द्वारा धन की प्राप्ति कराएँ।

वैनतेय सोमं पिव सोमं पिवतु वृत्रहा।
सोमं धनस्य सोमिनो मह्यं ददातु सोमिनः॥

- हे वैनतेय पुत्र गरुड़! वृत्रासुर के वधकर्ता, इंद्र, आदि समस्त देव जो अमृत पीने वाले हैं, मुझे अमृतयुक्त धन प्रदान करें।

न क्रोधो न च मात्सर्यं न लोभो नाशुभामतिः।
भवन्ति कृतपुण्यानां भक्तानां सूक्त जापिनाम्॥

- इस सूक्त का पाठ करने वाले की क्रोध, मत्सर, लोभ व अन्य अशुभ कर्मों में वृत्ति नहीं रहती, वे सत्कर्म की ओर प्रेरित होते हैं।

सरसिजनिलये सरोजहस्ते धवलतरांशुक गंधमाल्यशोभे।
भगवति हरिवल्लभे मनोज्ञे त्रिभुवनभूतिकरी प्रसीद मह्यम्॥

- हे त्रिभुवनेश्वरी! हे कमलनिवासिनी! आप हाथ में कमल धारण किए रहती हैं। श्वेत, स्वच्छ वस्त्र, चंदन व माला से युक्त हे विष्णुप्रिया देवी! आप सबके मन की जानने वाली हैं। आप मुझ दीन पर कृपा करें।

विष्णुपत्नीं क्षमां देवीं माधवीं माधवप्रियाम्।
लक्ष्मीं प्रियसखीं देवीं नमाम्यच्युतवल्लभाम॥

- भगवान विष्णु की प्रिय पत्नी, माधवप्रिया, भगवान अच्युत की प्रेयसी, क्षमा की मूर्ति, लक्ष्मी देवी मैं आपको बारंबार नमन करता हूँ।

ॐ महादेव्यै च विद्महे विष्णुपत्न्यै च धीमहि।
तन्नो लक्ष्मीः प्रचोदयात्॥

- हम महादेवी लक्ष्मी का स्मरण करते हैं। विष्णुपत्नी लक्ष्मी हम पर कृपा करें, वे देवी हमें सत्कार्यों की ओर प्रवृत्त करें।

चंद्रप्रभां लक्ष्मीमेशानीं सूर्याभांलक्ष्मीमेश्वरीम्।
चंद्र सूर्याग्निसंकाशां श्रिय देवीमुपास्महे॥

- जो चंद्रमा की आभा के समान शीतल और सूर्य के समान परम तेजोमय हैं उन परमेश्वरी लक्ष्मीजी की हम आराधना करते हैं।

श्रीर्वर्चस्वमायुष्यमारोग्यमाभिधाच्छ्रोभमानं महीयते।
धान्य धनं पशु बहु पुत्रलाभम् सत्संवत्सरं दीर्घमायुः॥

- इस लक्ष्मी सूक्त का पाठ करने से व्यक्ति श्री, तेज, आयु, स्वास्थ्य से युक्त होकर शोभायमान रहता है। वह धन-धान्य व पशु धन सम्पन्न, पुत्रवान होकर दीर्घायु होता है।

॥ इति श्रीलक्ष्मी सूक्तम् संपूर्णम् ॥

11

शुक्र ग्रह का जीवन पर प्रभाव

शुक्र अत्यंत प्रभावशाली, चमकीला और अत्यंत सुन्दर ग्रह है। ज्योतिष विज्ञान में शुक्र जातक को समस्त भौतिक सुख प्रदान करता है। लाल किताब के अनुसार शुक्र ग्रह प्रेम, प्रणय सम्बन्ध, विवाह, जीवन साथी, गृहस्थी सुख, जमीन का कारक होता है। जिस व्यक्ति की कुंडली में शुक्र अच्छा है तो इसके प्रभाव से ऐसे जातक को सभी ऐश्वर्यों की प्राप्ति होती है। शुक्र आपको सफलता, यश-कीर्ति और सुन्दर जीवनसाथी दिलाने का कारक होता है। जिस व्यक्ति पर शुक्र की कृपा होती वह व्यक्ति चतुर- चालाक और अपने कार्य को सिद्‌ध करने में प्रवीण होता है।

वैदिक ज्योतिष में शुक्र ग्रह को एक शुभ ग्रह माना गया है। इसके प्रभाव से व्यक्ति को भौतिक, शारीरिक और वैवाहिक सुखों की प्राप्ति होती है। इसलिए ज्योतिष में शुक्र ग्रह को भौतिक सुख, वैवाहिक सुख, भोग-विलास, शौहरत, कला, प्रतिभा, सौन्दर्य, रोमांस, काम-वासना और फैशन-डिजाइनिंग आदि का कारक माना जाता है।

जिन बच्चो पर शुक्र का अच्छा प्रभाव होता है वो बचपन से ही कुशाग्र बुद्‌धि के, चालाक एवं शरारती होते हैं। ऐसे बच्चों का व्यक्तित्व बेहद आकर्षक होता है एवं स्वभाव चंचल। ऐसे बच्चे डांट पड़ने के बावजूद फिर से वही शरारत करते हैं किन्तु जिन बच्चो पर शुक्र का नकारात्मक प्रबहव होता है ऐसे बच्चे सुस्त होते हैं व डांट खाने के बाद किसी कोने में दुबक जाने वाले होते हैं। जिन बच्चों का शुक्र मजबूत होता है ऐसे बच्चे पंद्रह वर्ष की आयु में पहुँचने के बाद विपरीत लिंगी की तरफ आकर्षित होते हैं, इन्हे नए कपडे पहनना, सुगंध, इत्र आदि में रूचि होती है

तथा स्वयं को सदैव सजाकर रखना इन्हे बेहद पसंद होता है।
कुंडली में शुक्र की शुभ स्थिति जीवन को सुखमय और प्रेममय बनाती है जबकि अशुभ स्थिति चारित्रिक दोष एवं पीड़ा उत्पन्न करती है।

शुक्र को 27 नक्षत्रों में से भरणी, पूर्वा फाल्गुनी और पूर्वाषाढ़ा नक्षत्रों का स्वामित्व प्राप्त है। शुक्र का गोचर 23 दिन की अवधि का होता है अर्थात शुक्र एक राशि में क़रीब 23 दिन तक रहता है।

काल पुरुष कुंडली में शुक्र का स्थान द्वितीय और सप्तम है। जहां द्वितीय भाव संपत्ति, परिवार और मुख का कारक है, जबकि सप्तम भाव से जीवनसाथी, बिजनेस पार्टनर और यात्रा के समय सहयात्री को देखा जाता है। शुक्र ग्रह को वृषभ और तुला राशि का स्वामित्व प्राप्त है। शुक्र मीन राशि में उच्च का माना गया है जबकि कन्या राशि में यह नीच का होता है। लाल किताब में शुक्र ग्रह गाय, पति-पत्नी, धन, लक्ष्मी, दूसरे और सातवें घर का मालिक है। इसलिए दूसरा घर घर-पति-पत्नी या ससुराल का भाव माना गया है और सप्तम भाव गृहस्थ जीवन का भाव होता है। शनि, बुध और केतु शुक्र के मित्र ग्रह होते हैं। वहीं सूर्य, चंद्रमा और राहु इसके शत्रु माने गये हैं। बुध, केतु और शनि के घर में शुक्र बलवान और उत्तम फल देने वाला होता है। वहीं शुक्र ग्रह बृहस्पति से शत्रुता का भाव रखता है। वहीं सूर्य और शनि की दृष्टि शुक्र को प्रभावित करती है। सूर्य और शनि के बीच टकराव में शुक्र हमेशा निर्बल हो जाता है। शुक्र को पुरुष की कुंडली में स्त्री और स्त्री की कुंडली में पुरुष माना जाता है। टेवे में दूसरा, तीसरा, चौथा, सातवां और बारहवें खाने में शुक्र श्रेष्ठ माना जाता है जबकि प्रथम, षष्टम और नवम खाने में यह मंदा होता है। सप्तम भाव में शुक्र जिस ग्रह के साथ संबंध बनाता है उसे अपना प्रभाव प्रदान करता है। शुक्र चंद्रमा के साथ मिलकर नैसर्गिक लक्ष्मी योग बनाता है। जिस जातक की कुंडली में शुक्र और चंद्रमा की युति हो, वह व्यक्ति काम भावना में प्रबल और विलासिता के साधन जुटाने में आगे होता है।

लाल किताब के अनुसार शुक्र ग्रह के कारकत्व

लाल किताब में शुक्र ग्रह कई विषयों का कारक और प्रतीक माना गया है। इनमें देवी लक्ष्मी, धन, भूमि, संपत्ति, किसान, गाय, बैल, कुम्हार, मनियार, पशु पालक, शुक्र ग्रह के प्रतीक हैं। इसके अलावा दही, दही जैसा रंग, कपास, घी, पति-पत्नी, वीर्य, लिंग, कामदेव, फूल, अन्न, मक्खन, चमड़ी, स्थान, भूमि, श्रृंगार का सामान, मिट्टी व मिट्टी से संबंधित कार्य, हीरा, जस्ता, धातु, गोबर और गौ मूत्र सभी वस्तुएँ शुक्र से संबंधित हैं। शरीर में जननांग, वीर्य व नेत्र पर शुक्र का प्रभाव रहता है। शुक्र प्रेम, विवाह, मैथुन, ऐश्वर्य, गायन और नृत्य का अधिपति होता है।

शुक्र ग्रह का संबंध

जर (पैसा), जोरु (स्त्री) और जमीन का मिश्रण शुक्र कहलाता है, इसलिए इन तीनों के मालिक व्यक्ति के घर में शुक्र (लक्ष्मी) का वास माना जाता है। अतः शुक्र ग्रह को देवी लक्ष्मी का प्रतीक माना गया है।

12

कुंडली के विभिन्न भावों में शुक्र ग्रह

कुंडली के विभिन्न भावों में शुक्र ग्रह भिन्न भिन्न प्रभाव दिखलाता है। अतैव नीचे कुंडली के विभिन्न भावों में शुक्र ग्रह के प्रभाव का विस्तार से वर्णन किया गया है और साथ ही उपाय भी बताये गए हैं।

पहले भाव में शुक्र

जातक की कुंडली के पहले भाव में शुक्र, जातक को अत्यधिक सुंदर, दीर्घायु, मृदुभाषी, और विपरीत लिंगियो के बीच लोकप्रिय बनाता है। लेकिन जातक की पत्नी बीमार रहती है, जातक कामुक होगा और किसी भी धर्म, जाति, पंथ के मानव के साथ यौन संबंध बनाने को आतुर होगा। आमतौर पर ऐसा जातक स्वाभाव से बहुत रोमांटिक होता है। सामान्यतः कमाई शुरू करने से पहले ही जातक की शादी हो जाती है । ऐसा जातक हमउम्र लोगो का नेता बन जाता है, लेकिन परिवार के सदस्यों का नेतृत्व करना मुसीबतों का कारण बनता है। ऐसे जातक की रुचि धार्मिक गतिविधियों में नहीं होती है।

उपाय :

1. 25 वर्ष की उम्र में शादी न करें।
2. हमेशा दूसरों की सलाह लेकर ही किसी नये काम की शुरुआत करें।
3. काले रंग की गाय की सेवा करें।
4. दही मिलाकर स्नान करें एवं दिन के समय संबंध बनाने से बचें।

कुंडली के दूसरे भाव में शुक्र

कुंडली के दूसरे भाव में बैठा शुक्र जातक को धन संपत्ति वाला बनाता है। लेकिन दूसरों का बुरा या बुराई करना जातक के लिए हानिकारक साबित होगा। शेरमुखी घर (सामने से बड़ा और पीछे से कम) जातक के लिए विनाशकारी साबित होगा। ऐसे जातकों के लिए सोने और आभूषणों से संबंधित व्यवसाय अत्यंत हानिकारक होगा। मिट्टी के सामान से जुड़ा व्यवसाय, कृषि और पशु ऐसे जातकों के लिए बेहद फायदेमंद साबित होंगे। अगर जातक स्त्री हो तो शुक्र संतान की समस्या देता है जबकि जातक के पुरुष होने पर पुत्र संतान की प्राप्ति में बाधा उत्पन्न होती है।

उपाय :

1. संतान की समस्या के लिए जातक को मंगल से संबंधित चीजें जैसे शहद, सौंफ अथवा देशी खांड का दान और इस्तेमाल करना चाहिए।

2. हल्दी के पीले रंग से रंगे दो किलोग्राम आलू गायों को खिलाएं।

3. मंदिर में दो किलो गाय का घी भेंट करें।

4. व्यभिचार से बचें।

<u>कुंडली के तीसरे भाव में शुक्र</u>

जातक की कुंडली के तीसरे भाव में अगर शुक्र हो तो जातक इतना आकर्षक होता है कि हर प्रकार की स्त्रियां उसकी ओर आकर्षित होती हैं। ऐसे जातक को आम तौर पर सभी प्यार करते हैं। यदि जातक किसी और स्त्री से संबंध रखता है तो जातक को अपनी पत्नी की चापलूसी करनी पडती है। अन्यथा हमेशा उसकी पत्नी जातक पर हावी रहता है। हालांकि जातक की पत्नी सब पर हावी रहेगी लेकिन यदि जातक पराई स्त्री से संबंध नही रखता हो वह उस पर हावी रहेगा। जातक की पत्नी साहसी, समर्थक और बैलगाड़ी के दूसरे बैल की तरह जातक के लिए सहयोगी होगी । वह जातक को छल, चोरी और नुकसान से बचाने वाली होगी। यदि जातक अपने जीवनसाथी को छोड़ किसी अन्य विपरीतलिंगी से सम्बन्ध बनाता है तो ऐसे व्यक्ति का जीवन और करियर दोनों ही खराब हो जाते हैं।

उपाय :

1. अपनी पत्नी का सम्मान करें और अतिरिक्त वैवाहिक मामलों से बचें।

2. पराई औरतों के साथ छेड़खानी करने या प्रेम सम्बन्ध रखने से बचें।

<u>कुंडली के चौथे भाव में शुक्र</u>

किसी भी जातक की कुंडली के चौथे भाव में बैठा शुक्र दो पत्नियों की संभावना को मजबूत करता है और जातक को धनवान बनाता है। यदि बृहस्पति दसम भाव में हो और शुक्र चौथे भाव में हो और जातक धार्मिक नहीं बन सकता है। अगर जातक धार्मिक प्रवृति में लिप्त होने का प्रयास करेगा तो प्रतिकूल परिणाम

मिलेंगे। यदि जातक ने कुएं के ऊपर छ्त बना रखी है या मकान बना रखा है तो चौथे भाव में बैठा शुक्र पुत्र प्राप्ति में बाधा उत्पन्न होगी। चौथे घर का शुक्र और पहले घर का बृहस्पति सास से झगडा करवाता है। जिस जातक की कुंडली में चौथे घर में शुक्र हो ऐसे जातक के लिए यात्रा वाली नौकरियां सबसे बेहतर होती हैं।

उपाय :

1. अपनी पत्नी का नाम बदलें और उससे औपचारिक रूप से पुनर्विवाह करें।

2. चावल, चांदी और दूध बहते पानी में बहाएं अथवा खीर या दूध मां समान महिलाओं को खिलाने से सास और बहू के बीच होने वाले झगड़े शांत होंगे।

3. पत्नी के स्वास्थ्य के लिए घर की छत को साफ और स्वच्छ बनाए रखें।

4. बृहस्पति से सम्बन्धित चीजें जैसे चना, दाल और केसर को बहती नदी में बहाएं।

कुंडली के पांचवें भाव में शुक्र

जातक की कुंडली के पांचवें भाव में शुक्र जातक को कामुक और इश्क़बाज बनाता है। पांचवां घर सूर्य का घर है जहां शुक्र सूर्य की गर्मी से जल जाता है। इस प्रभाव से जातक अपने जीवनकाल में बडे दुर्भाग्य का सामना करता है। हालांकि, यदि जातक अपने चरित्र को अच्छा बनाए रखता है वह जीवन की कठिनाइयों को पार कर जाएगा और धनवान बनेगा। यदि ऐसा जातक स्वयं के विवेक और ज्ञान को भविष्य और कार्य के लिए योजनाएं बनाने में लगाता है तो इससे बेहतर कोई शुक्र हो ही नहीं सकता। शादी के पांच साल के बाद जातक को पदोन्नति मिलेगी। ऐसा जातक अनुभवी होता है और शत्रुओं को परास्त करने वाला होता है।

उपाय :

1. ऐसा जातक अपने माता पिता की मर्जी के खिलाफ शादी न करे।

2. मां के समान स्त्रियों और गौ माता की सेवा करें।

3. पराई स्त्रियों से किसी भी परिस्थिति में संबंध ना रखें।

कुंडली के छठे भाव में शुक्र

जातक की कुंडली के छठे भाव में बैठा शुक्र जातक को विपरित लिंग की ओर आकर्षित करता है। लग्न का छठा भाव बुध और केतू का माना गया है जो एक दूसरे के शत्रु हैं, लेकिन शुक्र दोनों का मित्र है। इस घर में शुक्र नीच होता है। लेकिन यदि जातक विपरीत लिंगी को प्रसन्न रखता है और सारे और सुविधा उपलब्ध करवाता है तो उसके धन और पैसे में बृद्धि होगी। जातक की पत्नी को पुरुषों के जैसे कपडे नहीं पहनने चाहिए और न ही पुरुषों के जैसे बाल रखने चाहिए अन्यथा गरीबी बढती है। ऐसे जातक को उसी से विवाह करना चाहिए जिस स्त्री के भाई हों।

ऐसा जातक अपने काम को बिच में अधूरा नहीं छोड़ता है।

उपाय :

1. जातक स्त्री हो तो स्वयं या फिर पुरुष हो तो पत्नी अपने बालों में सोने का क्लिप लगाए।

2. ख्याल रखें कि पत्नी नंगे पैर न चले।

कुंडली के सातवें भाव में शुक्र

कुंडली का सातवां भाव शुक्र का है, इस भाव में बैठा हुआ शुक्र जातक को काफी अच्छे परिणाम देता है। अगर शुक्र इस घर में हो और पहले भाव में स्थित ग्रह सातवें भाव पर इस प्रकार प्रभाव डालता है मानो वह सातवें भाव में स्थित हो। यदि पहले भाव में स्थित ग्रह शुक्र का शत्रु ग्रह जैसे राहू हो तो जातक की पत्नी और घरेलू मामले बुरी तरह से प्रभावित होंगे। जातक बडे पैमाने पर अपने पैसे महिलाओं पर खर्च करता है। विवाह से संबंधित व्यापार-व्यवसाय जैसे टेन्ट हाउस और ब्यूटी पार्लर आदि का काम जातक के लिए फायदेमंद रहेगा।

उपाय :

1. सफेद गाय न पालें, इसके अलावे किसी भी और रंग के गौ पाल सकते हैं।

2. लाल गायों की सेवा करें और अगर पालना चाहें तो लाल गाय पालें।

3. जीवन साथी के वजन के बराबर किसी मन्दिर में जौ दान करें।

4. गंदी नाली या नहर में 43 दिनों तक नीले फूल फेंकें।

कुंडली के आठवें भाव में शुक्र

जातक की कुंडली के आठवें भाव में शुक्र का होना जातक के लिए शुभ नहीं माना जाता और न ही किसी अन्य ग्रह के लिए यह घर शुभ माना जाता है। ऐसे जातक की पत्नी गुस्सैल और अत्यधिक चिड़चिडी हो जाती है। उसके मुंह से निकली बुरी बातें निश्चित रूप से सच साबित होती हैं। जातक स्वयं की सहानुभूति से पीडित हो जाएगा। किसी की गारंटी या जमानत लेना विनाशकारी साबित होगा। यदि दूसरे भाव में कोई ग्रह न हो तो 25 साल से पहले शादी न करें अन्यथा पत्नी मर जाएगी। अष्टम भाव का शुक्र जातक और जातक के जीवनसाथी दोनों का ही स्वास्थ्य खराब करता है। यह शुक्र जातक के स्वभाव को बिगाड़ता है और किसी काम को पूरा नहीं करने देता। यदि व्यवसाय या काम में ऐसे जातक के विदेशों से सम्बन्ध हो गए तो ऐसा व्यक्ति अत्यंत धनवान बन जाता है अन्यथा ऐसे व्यक्ति को बेरोजगार हो कर भी बैठना पड़ता है।

उपाय :

1. कोई भी वस्तु दान के रूप में स्वीकार न करें।

2. नियमित रूप से मन्दिर जाएं और पूजा स्थलों तथा मंदिरों में सिर झुकाएं।

3. तांबे के सिक्के या नीले फूल लगातार दस दिनों तक गटर या गंदे नाले में फेंकें।

4. यदि जातक को या जातक के जीवन साथी को स्वास्थ्य से सम्बंधित परेशानियां आती हैं तो जातक को चाहिए कि वह वजन के बराबर ज्वार ले कर उसे वीरान ज़मीन के नीचे दबा दें।

5. 43 दिन लगातार 800 ग्राम जिमीकंद लेकर उसे मंदिर के अंदर हर सूरत में दान करें।

कुंडली के नौवें भाव में शुक्र

जिस जातक की कुंडली के नौवें घर में शुक्र अच्छे परिणाम नहीं देता। जातक धनवान हो सकता है लेकिन अपनी रोटी के लिए उसे काफी कड़ी मेहनत करनी पड़ेगी। उसे अपने प्रयासों का उचित पुरस्कार नहीं मिलेगा। ऐसे जातक के घर में पुरुष सदस्यों, पैसा, धन और संपत्ति की कमी हो जाएगी। यदि शुक्र बुध या किसी अशुभ ग्रह के साथ है तो जातक सत्रह साल की उम्र से नशे और किसी रोग का शिकार हो जाएगा। यदि ऐसा जातक जिसके नौंवे घर में शुक्र है, अगर वो किसी बच्चे को गोद लेता है तो बच्चे के बड़े होने के साथ साथ उसका परिवार उजड़ने लगता है अतः ऐसे जातक को किसी बच्चे को गोद नहीं लेना चाहिए। ऐसे जातक का जीवन साथी के साथ सदैव टकराव रहता है। हो सकता है ऊपर से देखने में इनकी गृहस्थी अच्छी लगे किन्तु वास्तव में टकराव निश्चित है।

उपाय :

1. घर की नींव में चांदी और शहद दबाएं।

2. पत्नी (या स्त्री है तो स्वयं) लाल चूड़ियाँ पहनें जिनमें चांदी की धारियां हों अथवा चांदी की चूड़ियां जिन पर लाल रंग की डिजाइनिंग हो।

3. किसी नीम के पेड़ के नीचे 43 दिनों के लिए चांदी का टुकड़ा दबा कर रखें।

कुंडली के दसवें भाव में शुक्र

जातक की कुंडली के दसवें भाव में अगर शुक्र हो तो यह जातक को लालची, संदिग्ध और हस्तकला में रुचि लेने वाला बनाता है। जातक अपनी पत्नी के मार्गदर्शन के तहत कार्य करेगा। ऐसी दशा में जब तक पत्नी जातक के साथ होगी हर मुसीबत जातक से दूर रहेगी। कोई मोटर कार दुर्घटना या अन्य कोई नुकसान नहीं होगा। शनि से जुड़े व्यापार और चीजें फायदेमंद साबित होंगी।

उपाय :

1. घर की पश्चिमी दीवार मिट्टी की होनी चाहिए।

2. शराब, अण्डा और मांसाहारी भोजन न करें।

3. बीमार होने की दशा में काले रंग की गाय का दान करना चाहिए।

कुंडली के ग्यारहवें भाव में शुक्र

कुंडली के ग्यारहवें भाव में जो शुक्र होता है वह शनि और बृहस्पति से प्रभावित होता है, क्योंकि यह घर बृहस्पति और शनि के अंतर्गत आता है। यह घर तीसरे भाव से देखा जाता है जो कि मंगल और बुध का घर है। जातक की पत्नी अपने भाई के माध्यम से, बहुत फायदेमंद साबित होगी।

उपाय :

1. बुध की शांति का उपाय उपयोगी रहेगा।

2. शनिवार को गरीबों और ब्राह्मणों को तेल का दान करें।

3. जातक को दूध में सोने के गरम टुकडे को बुझाकर दूध पीना चाहिए।

कुंडली के बारहवें भाव में शुक्र

कुंडली के बारहवें भाव में शुक्र बहुत लाभकारी परिणाम देता है। जातक के पास ऐसी पत्नी होगी जो मुसीबत के समय में किसी ढाल की तरह कार्य करेगी। महिलाओं से मदद लेना जातक के लिए अत्यधिक फायदेमंद साबित होगा। शुक्र की बृहस्पति से शत्रुता के कारण पत्नी को स्वास्थ्य से संबंधित परेशानियां हो सकती हैं। दूसरे या छठवें भाव में स्थित बुध जातक को रोगी बनाता है लेकिन जातक को साहित्यिक और काव्य प्रतिभा प्रदान करता है। ऐसा जातक 59 साल की उम्र में उच्च आध्यात्मिक शक्तियों प्राप्त करता है और 96 वर्षों तक जीवित रहता है।

उपाय :

1. पत्नी (स्त्री) नीला फूल या फल सूर्यास्त (शाम) के समय किसी सुनसान जगह पर खोद कर दबाए।

2. पत्नी द्वारा दूसरों को दान देना वह पति के लिए किसी रक्षा की दीवार की तरह काम करेगी।

3. गाय पालें और दान भी करें।

4. पत्नी को प्यार, इज्जत और सम्मान दें।

13

उच्च व कमज़ोर शुक्र के लक्षण

शुक्र का सीधा सम्बन्ध भौतिक सुख-सुविधाओं और भौतिक जीवन से है। अच्छे बुरे कर्म का अधिकार भी शुक्र के अधीन ही है। शुक्र जातक को वो ज्ञान प्रदान करता है जिससे जातक भौतिक जीवन में सफल हो सके। गृहस्थी के भीतर चलने वाले सभी हालत शुक्र के ही नियंत्रण में होते हैं। हमारी आय और हमारे व्यक्तित्व पर भी शुक्र का बेहद ख़ासा प्रभाव होता है।

शुक्र अगर बुध के साथ बैठ जाए तो यह उत्तम माना जाता है ऐसे व्यक्ति को अच्छे बुरे कि परख होती है, कमाई करने में हमेशा मन लगा रहता है और हमेशा आगे बढ़ने कि सोचता रहता है।

यदि शुक्र मंगल के साथ बैठ जाए तो ऐसा व्यक्ति कामातुर होगा, विपरीतलिंगी के चक्करों में रहेगा और हर तरह की सुख सुविधाओं को चाहने वाला होगा किन्तु साथ ही बेहद आध्यात्मिक और दूसरों के सामने बेहद ऊंचे संस्कारों वाला बनने का प्रयास करता है।

यदि शुक्र मंगल के साथ हो तो जातक पूर्ण रूप से जीवन का आनंद उठता है और भोग-विलास भी करता है। ऐसे जातक को यदि गुस्सा करना है तो खूब करता है और यदि प्रेम करना है तो वो भी खुलकर करता है। ऐसे जातक को यदि विवाह के पश्चात भी प्रेम हो जाता है तो वह सबको बता कर ही प्रेम करता है।

यदि शुक्र सूर्य के साथ कुंडली में हो तो शुक्र नीच का हो जाता है और ऐसा जातक दोहरे व्यक्तित्व या चरित्र का होता है। ऐसा जातक एक तरफ तो कामकाज करने वाला, अच्छी नौकरी करने वाला होता है। जातक अपनी नौकरी के बारे में

अच्छा सोचता है किन्तु परिवार और गृहस्थी बिगड़ती ही चली जाती है। ऐसा व्यक्ति जीवनसाथी को या तो धोखा देने की सोचता है या फिर हानि पहुंचाने के प्रयास करता है।

यदि शुक्र शनि के साथ जुड़ जाता है तो यह जातक के लिए अत्यंत उत्तम रहता है। ऐसा जातक तन मन अपने कार्य में लगा देता है और सफलता प्राप्त करता है किन्तु इसके साथ ही हमें यह भी ध्यान रखना होगा कि शुक्र किस भाव में है।

यदि कुंडली में शुक्र अशुभ है या खराब है तो निम्नलिखित लक्षण देखे जाते हैं :

1. पुरुष या स्त्री दोनों के ही निजी सुख खराब हो जाते हैं।
2. जातक को गुप्तांग से सम्बंधित परेशानियां हो सकती हैं।
3. पति-पत्नी की आपस में नहीं बनती ।
4. पति-पत्नी के निजी सुखों में किसी भी प्रकार की परेशानी हो ।
5. सदैव आलस्य प्रमुख रहे, घर से निकल कर कहीं काम करने जाने का मन ही न करे।
6. ऐसा जातक जब भी घर से बाहर निकलता है तो अपने जीवनसाथी से लड़ कर, उसे प्रताड़ित कर, उसमें कमियां गिनवाकर ही घर से निकलता है।
7. यदि किसी जातक का जीवनसाथी सदैव बीमार रहता है तो समझ लेना चाहिए शुक्र खराब है।
8. ऐसा व्यक्ति जब जोश में होता है तो अचानक ही सारे रूपये एक साथ खर्च करने को तैयार हो जाता है किन्तु जब नाराज़ हो तो एक रुपया भी नहीं निकालता।
9. यदि जातक छोटी-छोटी बातों पर सबको आने वाली घटनाओ से डराए, या छोटी छोटी बातों के लिए प्रताड़ित करे, तो समझ लेना चाहिए कि ऐसे जातक का शुक्र खराब है।
10. हर छोटी-छोटी बात पर संस्कारों की दुहाई देने वाला जातक, हर छोटी गलती पर संस्कारों की बात करने वाला जातक और छोटी गलती पर भी अत्यधिक प्रताड़ित करने वाले जातक का शुक्र खराब होता है।
11. ऐसा व्यक्ति कभी तो पूरी तरह जोश में और ऊर्जावान रहता है और कभी एक दम ही स्फूर्तिहीन हो कर केवल बिस्तर पर ही पड़ा रहता है और अत्यंत आलसी प्रतीत होता है।

12. ऐसे जातक की मित्रता तो बढ़ती है किन्तु मित्रों के साथ गलत शौक, नशे का सेवन, फ़िज़ूलखर्ची इत्यादि शुरू हो जाता हैं तथा धन और समय दोनों की हानि होना आरम्भ हो जाती है। यहां तक कि ऐसा व्यक्ति विपरीतलिंगी के आकर्षण में भी पड़ जाता है या सम्बन्ध बना लेता है।

यदि जन्मकुंडली में शुक्र शत्रु ग्रहों के प्रभाव में हो या नीच या अशुभ हो तो निम्नलिखित शारीरिक रोग या बीमारियां होने की संभावना होती है :

कमर, पाँव और मूत्र विसर्जन से सम्बंधित समस्याओं का कारक भी शुक्र ही है। स्त्रियों में संतान उत्पत्ति से सम्बंधित समस्याएं भी शुक्र के निम्न होने के कारण ही होती हैं। यदि शुक्र नीच हो तो जातक में कार्य करने की हिम्मत, धैर्य, ललक और ऊर्जा खत्म हो जाते हैं।

ज़िन्दगी में नीरसता और उदासीनता शुक्र की निम्न स्थिति के कारण ही होते हैं। विवाह के कुछ समय पश्चात ही ऐसा जातक अपने जीवनसाथी में रूचि खो देते हैं। हर बात पर शक करते हैं।

आधुनिक जीवनशैली में एक अन्य विचारधारा अत्यंत हानिकारक हो जाती है ऐसे जातक के लिए। क्यूंकि आधुनिक जीवनशैली में घी का उपयोग स्वास्थ्य के लिए नुकसानदायक बताया जाता है। जबकि घी ऐसे जातक के लिए लाभकारी होती है। जो इंसान घी नहीं खाता उसका शुक्र स्वतः ही खराब हो जाता है। घुटनो और जोड़ों के दर्द शुरू हो जाते हैं। शरीर के भीतर कार्य करने की क्षमता ख़त्म हो जाती है। सोचने समझने की शक्ति और धैर्य खत्म हो जाते हैं। शुक्र को अच्छा करने में देसी घी की अत्यंत महत्वपूर्ण भूमिका होती हैं। मात्र देसी घी के प्रयोग से ही शुक्र के अनेकों दुष्प्रभाव से बचा जा सकता है।

14

लाल किताब उपाय

उपायः

1. हीरा अवश्य धारण करें। किसी विद्वान ज्योतिष के सलाहनुसार ही पहनें।
2. यदि पुरुष हैं तो मंगल देव या हनुमानजी की पूजा करें अगर स्त्री है तो गणपति जी की पूजा अवश्य करें।
3. हीरे के साथ पन्ना भी अवश्य ही धारण करें।
4. हीरा काम से काम ढाई कैरट का ही पहनें।
5. कम से कम तीन से पचास ग्राम घी का सेवन अवश्य करें।
6. जितना हो सके इत्र या खुशबू का प्रयोग करें। इत्र ख़ास तौर पर कान के पीछे लगाएं।
7. घर के अंदर हमेशा साफ़ सफाई रखें
8. शुभ कार्य शुरू करते हुए, पूजा करते समय सफ़ेद खुशबू वाले फूल का प्रयोग करें।
9. देसी घी का दीपक जला कर पांच से दस मिनट उसके समीप रहे।
10. गाय की सेवा करें। खासतौर पर जो स्त्री माँ नहीं बन पाती और जिस पुरुष को कमर या जोड़ों का दर्द हो वो चालीस दिन तक लगातार गाय की सेवा करें। जिस अभाव में भी वो जी रहे हैं उस अभाव की कमी पूरी हो जायेगी। जीवन सुख सुविधाओं से भर जायेगा।
11. हो सके तो फ्रूट चाट, इमली की चटनी, शकरकंदी, जिमीकंद, नींबू, काले सफ़ेद तिल हों; ऐसी चाट बाटें ।
12. घी का सेवन अवश्य करें ।

13. अपने बच्चों को पार्क में मिटटी में खेलने दें। जो भी बच्चा मिटटी में खेल कर बड़ा होगा उसका शुक्र सदैव अच्छा रहेगा। यदि कोई बड़ा व्यक्ति भी शुक्र के दुष्प्रभाव से पीड़ित है तो खेतों कि मिटटी में नंगे पाँव चले और हो सके तो मिटटी हाथ में ले कर चले।
14. अपने जीवनसाथी के साथ बिना लड़े झगडे रहें। जीवनसाथी को खुश रखें।

15

विष्णु भगवान की आरती

ॐ जय जगदीश हरे, स्वामी! जय जगदीश हरे।
भक्तजनों के संकट क्षण में दूर करे॥

जो ध्यावै फल पावै, दुख बिनसे मन का।
सुख-संपत्ति घर आवै, कष्ट मिटे तन का॥ ॐ जय...॥

मात-पिता तुम मेरे, शरण गहूं किसकी।
तुम बिनु और न दूजा, आस करूं जिसकी॥ ॐ जय...॥

तुम पूरन परमात्मा, तुम अंतरयामी॥
पारब्रह्म परेमश्वर, तुम सबके स्वामी॥ ॐ जय...॥

तुम करुणा के सागर तुम पालनकर्ता।
मैं मूरख खल कामी, कृपा करो भर्ता॥ ॐ जय...॥

तुम हो एक अगोचर, सबके प्राणपति।
किस विधि मिलूं दयामय! तुमको मैं कुमति॥ ॐ जय...॥

दीनबंधु दुखहर्ता, तुम ठाकुर मेरे।
अपने हाथ उठाओ, द्वार पड़ा तेरे॥ ॐ जय...॥

विषय विकार मिटाओ, पाप हरो देवा।
श्रद्धा-भक्ति बढ़ाओ, संतन की सेवा॥ ॐ जय...॥

तन-मन-धन और संपत्ति, सब कुछ है तेरा।
तेरा तुझको अर्पण क्या लागे मेरा॥ ॐ जय...॥

जगदीश्वरजी की आरती जो कोई नर गावे।
कहत शिवानंद स्वामी, मनवांछित फल पावे॥ ॐ जय...॥

16

शुक्रकवचम्

अथ शुक्रकवचम्
अस्य श्रीशुक्रकवचस्तोत्रमंत्रस्य भारद्वाज ऋषिः I
अनुष्टुप् छन्दः I शुक्रो देवता I
शुक्रप्रीत्यर्थं जपे विनियोगः II
मृणालकुन्देन्दुषयोजसुप्रभं पीतांबरं प्रस्रुतमक्षमालिनम् I
समस्तशास्त्रार्थनिधिं महांतं ध्यायेत्कविं वांछितमर्थसिद्धये II १ II
ॐ शिरो मे भार्गवः पातु भालं पातु ग्रहाधिपः I
नेत्रे दैत्यगुरुः पातु श्रोत्रे मे चन्दनद्युतिः II २ II
पातु मे नासिकां काव्यो वदनं दैत्यवन्दितः I
जिह्वा मे चोशनाः पातु कंठं श्रीकंठभक्तिमान् II ३ II
भुजौ तेजोनिधिः पातु कुक्षिं पातु मनोव्रजः I
नाभिं भृगुसुतः पातु मध्यं पातु महीप्रियः II ४ II
कटिं मे पातु विश्वात्मा ऊरु मे सुरपूजितः I
जानू जाड्यहरः पातु जंघे ज्ञानवतां वरः II ५ II
गुल्फ़ौ गुणनिधिः पातु पातु पादौ वरांबरः I
सर्वाण्यङ्गानि मे पातु स्वर्णमालापरिष्कृतः II ६ II
य इदं कवचं दिव्यं पठति श्रद्धयान्वितः I
न तस्य जायते पीडा भार्गवस्य प्रसादतः II ७ II
II इति श्रीब्रह्मांडपुराणे शुक्रकवचं संपूर्णं II

17

शुक्र यंत्र का महत्त्व एवं स्थापना विधि

शुक्र यंत्र

नवग्रह मंडल में शुक्र को मंत्री पद प्राप्त है। ज्योतिषशास्त्र के अनुसार, शुक्र को स्त्री ग्रह माना गया है। जिन लोगों की कुंडली में शुक्र ग्रह स्वामी होता है वे लोग काफी सुंदर और आकर्षक होते हैं। शुक्र को पति-पत्नी, प्रेम संबंध, भोग-विलास, ऐश्वर्य और आनंद का कारक माना जाता है। यदि किसी जातक की कुंडली में शुक्र की स्थिति अच्छी हो तो जातक का जीवन सुखमय गुजरता है। शुक्र के शुभ प्रभाव से

व्यक्ति को मकान और वाहन का भी सुख प्राप्त हो सकता है। वहीं शुक्र के अशुभ होने पर जातक को गुप्त रोगों का सामना करना पड़ता है। वहीं जिनकी कुंडली में शुक्र कमजोर होता है उनके वैवाहिक और प्रेम जीवन में समस्याएं उत्पन्न हो जाती हैं। ऐसे में यदि आप शुक्र के अशुभ प्रभाव को कम करना चाहते हैं तो आपके लिए शुक्र यंत्र (Shukra Yantra) का उपयोग उचित रहता है।

शुक्र यंत्र लाभ

1. किसी कुंडली में शुक्र के नकारात्मक या अशुभ प्रभाव को कम करने के लिए शुक्र यंत्र की प्रतिष्ठा करनी चाहिए।
2. शुक्र यंत्र का शुभ प्रभाव जातक को सुखी और संपन्न जीवन जीने में सहायता करता है।
3. घर में शुक्र यंत्र को स्थापित करने से रिश्तों में मजबूती बनी रहती है।
4. इस यंत्र से मान-सम्मान, प्रेम, मानसिक, शांति और कलात्मक कलाओं में सफलता प्राप्त होती है।
5. इस यंत्र को ऑफिस में रखने से व्यापार में वृद्धि और सही निर्णय लेने में भी मदद मिलती है।
6. यदि किसी स्त्री को प्रजनन करने में कठिनाई हो तो उसे शुक्र यंत्र को अपने घर में स्थापित करना चाहिए।
7. अगर आप डिजायनर, कलाकार, अदाकार या किसी रचनात्मक क्षेत्र से जुड़े हुए हैं तो इस यंत्र की पूजा करने से आपको नए आयम प्राप्त होंगे।
8. जिन व्यक्तियों को गले से संबंधित परेशानी हो, शराब की लत हो, किसी प्रकार का गुप्त रोग हो, गर्भाशय की समस्या हो या डायबिटीज हो। ऐसे में शुक्र यंत्र काफी फलदायी सिद्ध हो सकता है।

अभ्यस्त और सक्रिय शुक्र यंत्र (Shukra Yantra) को घर या ऑफिस में स्थापित करना चाहिए। इससे नकारात्मक शक्ति से छुटकारा मिलता है और सकारात्मक ऊर्जा का संचार होता है। यंत्र को स्थापित करने से पहले सही दिशा निर्धारण कर लें और उचित स्थान पर स्थापित करें ताकि आपको इसका सर्वोत्तम लाभ प्राप्त हो सके। इस यंत्र की प्रतिष्ठा से पहले इसको शुद्ध करना अति आवश्यक होता है क्योंकि यह आप तक आने से पहले कई हाथों से होकर गुजरता है। शुक्र यंत्र आसपास के वातावरण में अपनी ऊर्जा का उत्सर्जन करता है। शुक्र यंत्र

को खरीदते वक्त ध्यान रखना चाहिए कि यह विधिवत बनाया गया हो और प्राण प्रतिष्ठित हो। यदि आप शुक्र का शुभ प्रभाव प्राप्त करना चाहते हैं तो इस यंत्र को शुक्रवार को स्थापित करें ताकि आपको इसका शुभ फल प्राप्त हो सके।

स्थापना विधि

शुक्र यंत्र को स्थापित करने के लिए सबसे पहले प्रातकाल उठकर स्नानादि के बाद इस यंत्र को सामने रखकर 11 या 21 बार शुक्र के बीज मंत्र ॐ द्रां द्रीं द्रौं सः शुक्राये नमः का जाप करें। तत्पश्चात यंत्र पर गंगाजल छिड़के और शुक्र महाराज से हाथ जोड़कर प्रार्थना करें कि वह अधिक से अधिक शुभ फल प्रदान करें। शुक्र यंत्र (Shukra Yantra) स्थापित करने के पश्चात इसे नियमित रूप से धोकर इसकी पूजा करें ताकि इसका प्रभाव कम ना हो। यदि आप इस यंत्र को बटुए या गले में धारण करते हैं तो स्नानादि के बाद अपने हाथ में यंत्र को लेकर उपरोक्त विधिपूर्वक इसका पूजन करें।

शुक्र यंत्र मंत्र - "ॐ द्राम द्रीम द्रौम सः शुक्राये नमः"

9 798889 591696

Printed by Libri Plureos GmbH in Hamburg,
Germany